나혼자 끝내는 독학 베트남어 첫걸음

나혼자 끝내는 독학 베트남어 첫걸음

지은이 이현정
펴낸이 임상진
펴낸곳 (주)넥서스

초판 1쇄 발행 2018년 9월 25일
초판 3쇄 발행 2019년 9월 2일

출판신고 1992년 4월 3일 제311-2002-2호
주소 10880 경기도 파주시 지목로 5
전화 (02)330-5500 팩스 (02)330-5555

ISBN 979-11-6165-273-3 13730

가격은 뒤표지에 있습니다.
잘못 만들어진 책은 구입처에서 바꾸어 드립니다.

이 도서의 국립중앙도서관 출판예정도서목록(CIP)은
서지정보유통지원시스템 홈페이지(http://seoji.nl.go.kr)와
국가자료공동목록시스템(http://www.nl.go.kr/kolisnet)에서 이용하실 수 있습니다.
(CIP제어번호 : CIP2018028863)

www.nexusbook.com

나혼자 끝내는 독학 베트남어 첫걸음

이현정 지음

넥서스

베트남어 공부를 처음 시작하시는 분들께

2004년 제가 베트남에 유학을 갔을 때만 해도 베트남은 우리에게 가까운 나라는 아니었습니다. 공산주의 국가였기에 심적으로도 멀었고 잘 알려지지 않았기 때문이지요. 베트남 하면 수많은 오토바이와 쌀국수, 아오자이를 떠올리던 때를 지나 이제는 베트남 하면 다낭, 호이안을 떠올리며 휴양지로 찾아가는 나라가 되었으니 세월이 흐르고 시대가 변했음을 느낍니다. 한-베 수교 이래 베트남에 대한 관심이 가장 크게 증가하고 있는 요즈음, 더불어 베트남어 학습에 대한 관심 또한 커졌음을 느낍니다.

이 책은 베트남에 대해 관심을 갖고 알고 싶어 하는 마음으로 첫걸음을 떼는 여러분을 돕고 응원하고자 하는 마음으로 준비했습니다. 오랜만에 다시 베트남어를 공부하고 싶으신 분들도 기초를 다지실 수 있도록 만들어졌습니다.

어떤 외국어든지 몇 번의 고비가 찾아옵니다. 여러분이 포기하지 않는 마음, 베트남에 대한 관심을 갖고 그들과 삶 가운데에서 '대화하기 위한 언어'라는 마음을 잊지 않고 이 책에서 제시하는 대로 따라온다면 어느새 베트남어로 말하고 있고 생각하고 있는 나를 발견할 것입니다.

이 책은 베트남어를 처음 접하는 학습자들이 짧은 문장을 통해 베트남어 기초 회화와 기본 문형을 익힐 수 있도록 구성하였습니다. 회화는 현지에서 쓰이는 표현으로 구성하고 한국어 해석은 직역에 가깝게 하였기에 조금 어색하게 느껴질 수도 있지만, 베트남과 한국의 문화적 차이라는 것을 알 수 있을 것입니다. 외국어는 많이 듣고 말해 보는 연습이 중요합니다. 이 책의 부가자료로 제공되는 MP3를 자주 듣고 따라 하며 성조와 발음을 연습하다 보면 어느새 자연스럽게 베트남어를 말할 수 있을 것입니다.

모쪼록 〈나혼자 끝내는 독학 베트남어 첫걸음〉이 여러분의 베트남어 공부에 있어 든든한 조력자가 되기를 바랍니다.

이 책이 출간되기까지 많은 조언을 해 주시고 무엇보다 저의 삶과 학문에 있어 큰 스승이 되어 주신 한국외국어대학교 베트남어과 전혜경 교수님께 감사드립니다. 또한 이 책의 기틀을 잡아 주시고 문법, 회화 등 전체적인 내용 구성에 있어 도움을 주신 하노이국립인문사회과학대학교 언어학과 Đỗ Hồng Dương 교수님께 감사드립니다.

무엇보다 이 책을 끝마칠 수 있도록 저를 위해 항상 기도하며 응원해 준 사랑하는 저의 가족에게도 감사드립니다.

저자 이현정

나혼자 베트남어 공부법

1 먼저 동영상 강의를 들어 보세요.
본책을 공부한 다음에는 복습용 동영상을 보며 다시 한번 복습합니다.
» ① QR코드
② 유튜브

2 문장을 통해 주요 표현과 기초 문법을 공부합니다. MP3를 들으며 단어도 같이 외워 주세요. 공부한 내용을 바로 확인할 수 있는 간단한 연습문제가 있습니다.
» ① QR코드
② 넥서스 홈페이지
③ 콜롬북스

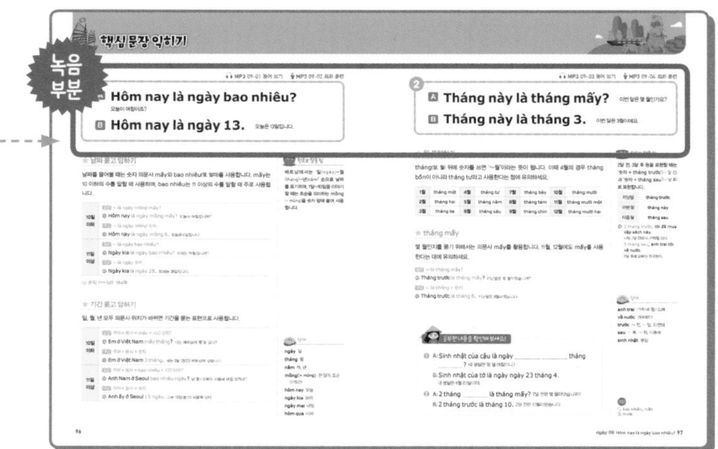

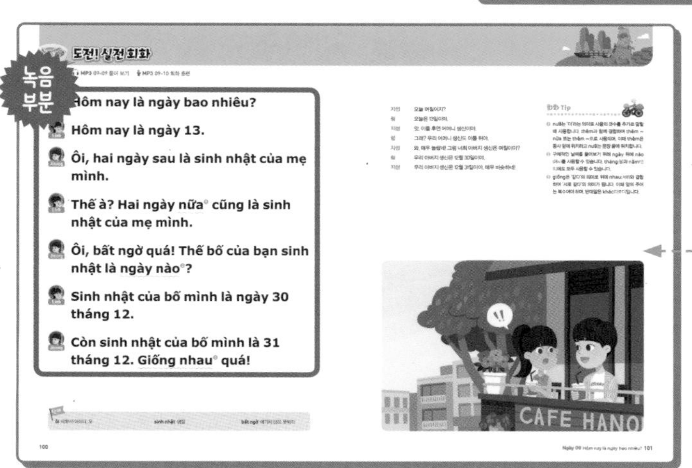

3 '핵심 문장 익히기'에서 배운 문장들로 구성되어 있습니다. 처음에는 듣기 MP3를, 두 번째는 회화 훈련 MP3를 들으면서 따라 말해 보세요.

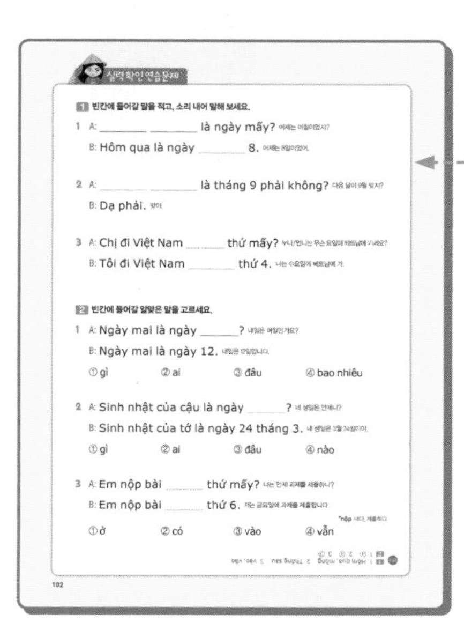
실력 확인 연습문제

1 빈칸에 들어갈 말을 적고, 소리 내어 말해 보세요.

1 A: ________ ________ là ngày mấy? 어제는 며칠이었지?
B: Hôm qua là ngày ________ 8. 어제는 8일이었어.

2 A: ________ ________ là tháng 9 phải không? 다음 달이 9월 맞지?
B: Dạ phải. 맞아.

3 A: Chị đi Việt Nam ______ thứ mấy? 누나/언니는 무슨 요일에 베트남에 가세요?
B: Tôi đi Việt Nam ______ thứ 4. 나는 수요일에 베트남에 가.

2 빈칸에 들어갈 알맞은 말을 고르세요.

1 A: Ngày mai là ngày ______? 내일은 며칠인가요?
B: Ngày mai là ngày 12. 내일은 12일입니다.
① gì ② ai ③ đâu ④ bao nhiêu

2 A: Sinh nhật của cậu là ngày ______? 네 생일은 언제니?
B: Sinh nhật của tớ là ngày 24 tháng 3. 내 생일은 3월 24일이야.
① gì ② ai ③ đâu ④ nào

3 A: Em nộp bài ______ thứ mấy? 너는 언제 과제를 제출하니?
B: Em nộp bài ______ thứ 6. 저는 금요일에 과제를 제출합니다.
*nộp 내다, 제출하다
① ở ② có ③ vào ④ vẫn

102

4 오늘의 공부를 마치면서 실력을 확인해 보는 시간! '핵심 문장 익히기'를 이해했다면 쉽게 풀 수 있는 문제입니다

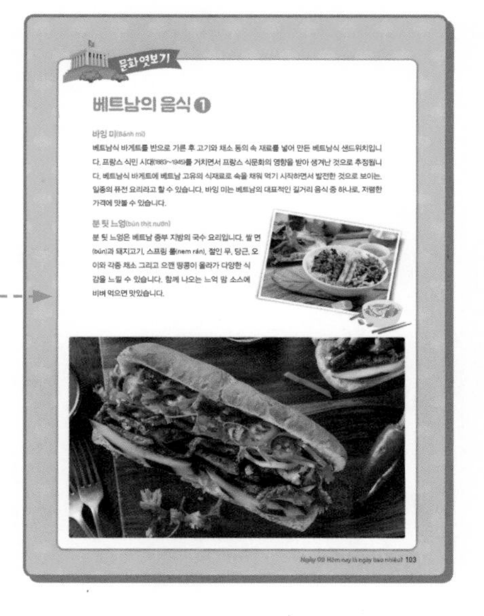
문화 엿보기

베트남의 음식 ①

바잉 미(Bánh mì)
베트남식 바게트를 반으로 가른 후 고기와 채소 등의 속 재료를 넣어 만든 베트남식 샌드위치입니다. 프랑스 식민 시대(1883~1945)를 거치면서 프랑스 식문화의 영향을 받아 생겨난 것으로 추정됩니다. 베트남식 바게트에 베트남 고유의 식재료로 속을 채워 먹기 시작하면서 발전한 것으로 보이는, 일종의 퓨전 요리라고 할 수 있습니다. 바잉 미는 베트남의 대표적인 길거리 음식 중 하나로, 저렴한 가격에 맛볼 수 있습니다.

분 팃 느엉(bún thịt nướng)
분 팃 느엉은 베트남 중부 지방의 국수 요리입니다. 쌀 면(bún)과 돼지고기, 스프링 롤(nem rán), 절인 무, 당근, 오이와 각종 채소 그리고 으깬 땅콩이 올라가 다양한 식감을 느낄 수 있습니다. 함께 나오는 느억 맘 소스에 비벼 먹으면 맛있습니다.

Ngày 03 Hôm nay là ngày bao nhiêu? 103

5 언어를 배울 때 문화를 함께 익히는 것은 아주 중요합니다. '문화 엿보기'에서 베트남 문화의 재미있는 모습을 함께 살펴봅시다.

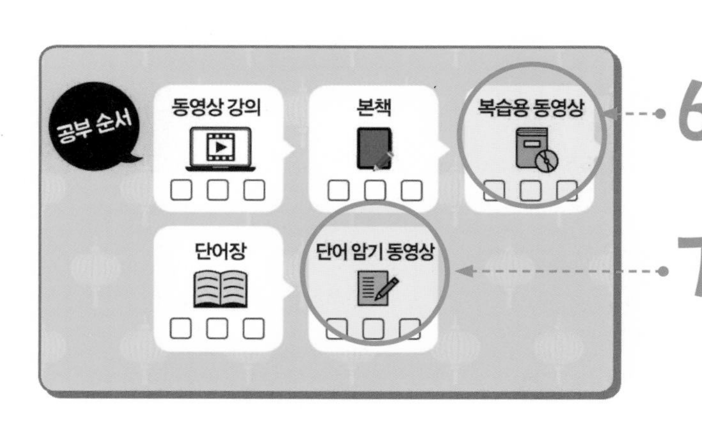

6 **복습용 동영상**을 보면서 '핵심 문장 익히기'와 '기본 회화 연습'의 내용을 확실하게 익힙시다.
» ① QR코드 ② 유튜브

7 단어 암기는 외국어 학습의 기본입니다. **단어 암기 동영상**을 틈틈이 반복해서 보면 단어를 보다 쉽게 외울 수 있습니다.
» ① QR코드 ② 유튜브

〈나혼자 끝내는 독학 베트남어 첫걸음〉은?

〈나혼자 끝내는 독학 베트남어 첫걸음〉은 혼자서 베트남어를 공부하는 분들을 위해 개발된 독학자 맞춤형 교재입니다. 학원에 다니지 않아도, 단어장이나 다른 참고서를 사지 않아도 이 책 한 권만으로 충분히 베트남어 기초 과정을 마스터할 수 있도록 구성되어 있습니다.
〈나혼자 끝내는 독학 베트남어 첫걸음〉은 본책과 함께 부록으로 단어장을 제공합니다. 혼자 공부하는 학습자들을 위해 총 8가지 독학용 학습자료를 무료로 제공하고 있습니다.

온라인 무료 제공

동영상 강의
저자 선생님이 왕초보 학습자들이 헷갈려하는 베트남어의 핵심을 콕콕 집어 알려 줍니다.

발음 특훈 동영상
베트남어 독학자들이 처음부터 자신 있게 공부할 수 있도록 문자와 발음을 상세하게 설명해 드립니다.

복습용 동영상
'핵심 문장 익히기'에 나온 문장들을 복습할 수 있도록 구성된 동영상입니다. 반복해서 보면 문장들을 통암기할 수 있을 것입니다.

단어 암기 동영상
깜빡이 학습법으로 단어를 자동 암기할 수 있도록 도와줍니다.

듣기 MP3
베트남어 원어민의 정확한 발음을 들어 보세요. MP3만 들어도 듣기 공부가 됩니다.

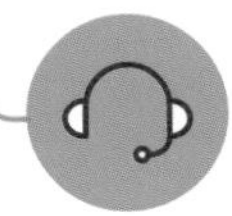

회화 훈련 MP3
회화 훈련 MP3는 베트남어 음성을 듣고 따라 말하는 연습을 할 수 있도록 구성되어 있습니다.

도우미 단어장
각 Ngày의 주요 단어들을 정리해 놓았습니다. 단어 암기는 외국어 학습의 기본입니다. 들고 다니면서 틈틈이 단어를 암기합시다.

왕초보 그림 단어장
책에 나온 단어 외에 일상생활에서 자주 쓰이는 단어들을 정리했습니다. 그림과 함께 제시하여 쉽게 외울 수 있습니다.

무료 동영상 & MP3 보는 법

방법 1

스마트폰에 QR코드 리더를 설치하여
책 속의 QR코드를 인식한다.
» 동영상 & MP3

방법 2

nexusbook.com에서 도서명으로 검색한 다음
MP3/부가자료 영역에서 인증받기 를 클릭한다.
» 동영상 & MP3

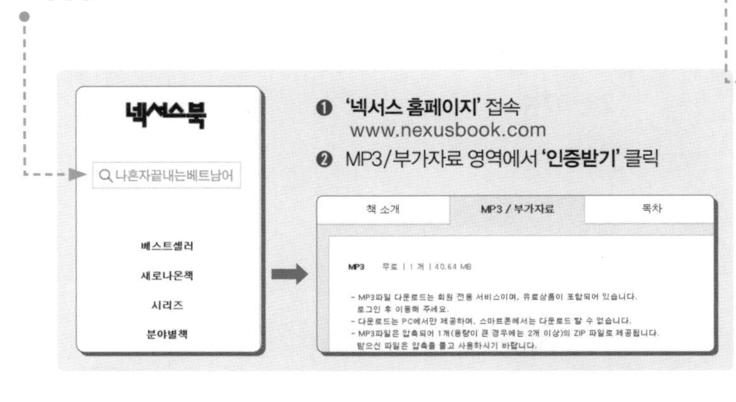

방법 3

유튜브에서 〈나혼자 끝내는 베트남어〉를 검색한다.
» 동영상

18일 완성 학습 플래너

동영상 강의 / 복습용 동영상 / 단어 암기 동영상 / 단어장

	공부한 날	동영상 강의	본책 MP3를 함께 들어 보세요	복습용 동영상	도우미 단어장	단어 암기 동영상
Ngày 01	월 일	발음 특훈	1회 2회 3회 16~27쪽			
Ngày 02	월 일		1회 2회 3회 28~37쪽		3쪽	
Ngày 03	월 일		1회 2회 3회 38~47쪽		4쪽	
Ngày 04	월 일		1회 2회 3회 48~57쪽		5쪽	
Ngày 05	월 일		1회 2회 3회 58~67쪽		6쪽	
Ngày 06	월 일		1회 2회 3회 68~77쪽		7쪽	
Ngày 07	월 일		1회 2회 3회 78~87쪽		8쪽	
Ngày 08	월 일	중간 점검 복습 문제 88~93쪽				
Ngày 09	월 일		1회 2회 3회 94~103쪽		9쪽	

	공부한 날	동영상 강의	본책 MP3를 함께 들어 보세요	복습용 동영상	도우미 단어장	단어 암기 동영상
Ngày 10	월 일		1회 2회 3회 104~113쪽		10쪽	
Ngày 11	월 일		1회 2회 3회 114~123쪽		11쪽	
Ngày 12	월 일		1회 2회 3회 124~133쪽		12쪽	
Ngày 13	월 일		1회 2회 3회 134~143쪽		13쪽	
Ngày 14	월 일		1회 2회 3회 144~153쪽		14쪽	
Ngày 15	월 일		1회 2회 3회 154~163쪽		15쪽	
Ngày 16	월 일		1회 2회 3회 164~173쪽		16쪽	
Ngày 17	월 일		1회 2회 3회 174~183쪽		17쪽	
Ngày 18	월 일	최종 확인 복습 문제 184~191쪽				

목차

??
quýt

Ngày 01

문자와 발음

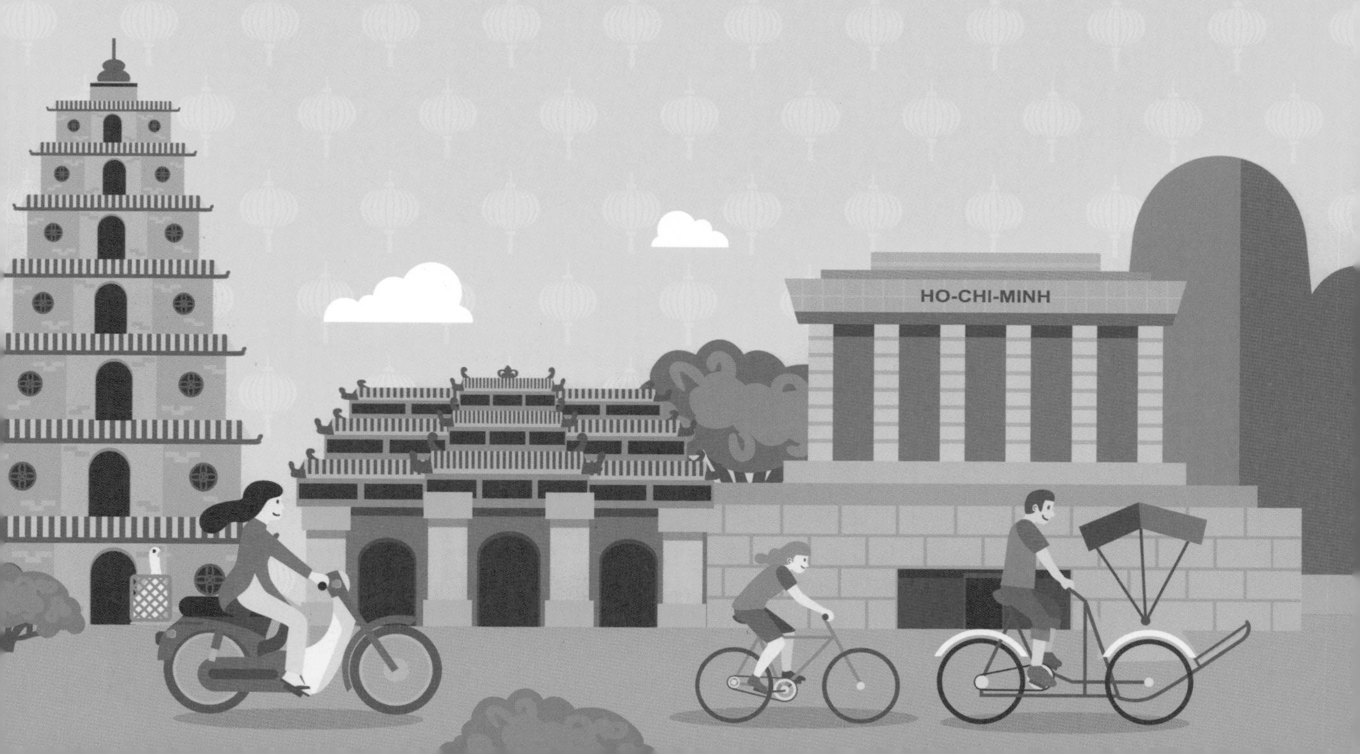

MP3와 강의를 들어 보세요

발음 특훈 동영상

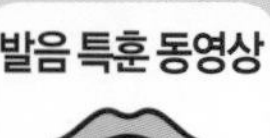

본책

베트남어 문자

베트남어는 자음과 모음 29개로 구성되어 있으며 영어의 알파벳과 유사합니다. 그러나 영어와 달리 f, j, w, z가 없으며, ă, â, đ, ê, ô, ơ, ư가 추가됩니다.

MP3 01-01

문자	명칭	발음	문자	명칭	발음
A a	a [아]	a [아]	**N n**	en nờ [앤 너]	nờ [너]
Ă ă	á [아] (a보다 짧은 아)	á [아] (a보다 짧은 아)	**O o**	o [오(ㅓ)]	o [오(ㅓ)]
Â â	ớ [어] (ơ 보다 짧은 어)	ớ [어] (ơ 보다 짧은 어)	**Ô ô**	ô [오]	ô [오]
B b	bê [베]	bờ [버]	**Ơ ơ**	ơ [어]	ơ [어]
C c	xê [쎄]	cờ [꺼]	**P p**	pê [뻬]	pờ [뻐]
D d	dê [제]	dờ [저]	**Q q**	qui [뀌]	quờ [꿔]
Đ đ	đê [데]	đờ [더]	**R r**	e rờ [애 러]	rờ [러] / dờ [저]
E e	e [애]	e [애]	**S s**	ét sì [앳 씨]	sờ [써]
Ê ê	ê [에]	ê [에]	**T t**	tê [떼]	tờ [떠]
G g	gờ [거]	gờ [거]	**U u**	u [우]	u [우]
H h	hát [핫]	hờ [허]	**Ư ư**	ư [으]	ư [으]
I i	i ngắn [이 응안]	i [이]	**V v**	vê [베]	vờ [버]
K k	ca [까]	cờ [꺼]	**X x**	ích xì [잇 씨]	xờ [써]
L l	e lờ [애 러]	lờ [러]	**Y y**	i dài [이 자이]	i [이]
M m	em mờ [앰 머]	mờ [머]			

- p는 외래어를 표기할 때 사용합니다.
- q는 항상 모음 u를 동반하며 u 뒤에 모음이 결합되어 사용합니다.
- 베트남어 문자는 발음과 명칭이 다른 경우가 있으며, 명칭은 철자를 하나하나 부를 때 주로 사용됩니다.

모음과 자음

모음

베트남어 모음은 11개의 단모음과 3개의 이중모음으로 구성되어 있습니다. 11개의 단모음은 a, ă, â, e, ê, i(y), o, ô, ơ, u, ư입니다.

★ 단모음

MP3 01-02

a	입을 옆으로 크게 벌려 발음하며 우리말의 [아]와 비슷합니다. 예 an [안] 평안한　　ba [바] 3
ă	a와 발음이 같지만 짧게 발음합니다. 예 ăn [안] 먹다　　chăm [짬] 열중하다
â	입을 옆으로 벌려 발음하며 우리말의 [어]와 비슷합니다. ơ와 발음이 같지만 짧게 발음합니다. 예 âm [엄] 음성　　sân [썬] 마당
e	우리말의 [애]와 비슷하지만 입을 조금 더 작게 벌려 발음합니다. 예 em [앰] 저, 동생　　đen [댄] 검정
ê	우리말의 [에]와 비슷하지만 입을 조금 더 작게 벌려 발음합니다. 예 êm [엠] 부드러운　　tên [뗀] 이름
i(y)	우리말의 [이]와 비슷하게 발음합니다. 예 đi [디] 가다　　yêu [이에우] 사랑하다
o	우리말에는 없는 발음으로, 입을 크고 동그랗게 벌려 [오] 모양에서 [어] 발음을 내는 [오]와 [어]의 중간 발음입니다. 예 voi [보(ㅓ)이] 코끼리　　coi [꼬(ㅓ)이] 보다
ô	입을 동그랗게 모아 발음하며 우리말의 [오]와 비슷합니다. 예 ô [오] 우산　　tô [또] 사발
ơ	입을 옆으로 벌려 발음하며 우리말의 [어]와 비슷합니다. â와 발음이 같지만 길게 발음합니다. 예 ơn [언] 은혜　　bơi [버이] 수영
u	입을 동그랗게 모아 발음하며 우리말의 [우]와 비슷합니다. 예 thu [투] 가을　　bút [붓] 볼펜
ư	입을 평평하게 하여 발음하며 우리말의 [으]와 비슷합니다. 예 lưng [릉] 등　　mừng [믕] 축하하다

★ 이중모음

베트남어에는 -ia(-iê-), -ua(-uô-), -ưa(-ươ-) 3개의 이중모음이 있습니다.

MP3 01-03

-ia	자음 없이 사용하는 끝모음으로 [이아]가 아닌 [이어]로 발음합니다. 예 kia [끼어] 저기 thìa [티어] 숟가락
-iê-	자음과 함께 사용하는 모음으로 [이에]라고 발음합니다. 예 kiến [끼엔] 개미 miến [미엔] 면
-ua	자음 없이 사용하는 끝모음으로 [우아]가 아닌 [우어]로 발음합니다. 예 cua [꾸어] 게 mua [무어] 사다
-uô-	자음과 함께 사용하는 모음으로 [우오]라고 발음합니다. 예 muộn [무온] 늦은 uống [우옹] 마시다
-ưa	자음 없이 사용하는 끝모음으로 [으아]가 아닌 [으어]로 발음합니다. 예 dừa [즈어] 코코넛 mưa [므어] 비
-ươ-	자음과 함께 사용하는 모음으로 [으어]라고 발음합니다. 예 lươn [르언] 뱀장어 mượn [므언] 빌리다

베트남어 자음은 17개의 단자음, 10개의 복자음과 8개의 끝자음으로 구성되어 있습니다.

★ 단자음

MP3 01-04

b	**입술을 다물었다 떼면서 발음하며 우리말의 [ㅂ]와 비슷합니다.** 예 bạn [반] 친구　　bay [바이] 날다
c	**우리말의 [ㄲ]와 비슷합니다.** 예 cá [까] 물고기　　cứng [끙] 단단한
d	**우리말의 [ㅈ]와 비슷하며, 남부에서는 [ㅇ]으로 발음합니다.** 예 dê [제] 염소　　dao [자오] 칼
đ	**우리말의 [ㄷ]와 비슷합니다.** 예 đem [댐] 밤　　đứng [등] 서다
g	**목에서 나오는 발음으로 우리말의 [ㄱ]와 비슷합니다.** 예 gà [가] 닭　　gừng [긍] 생강
h	**목에서 나오는 발음으로 우리말의 [ㅎ]와 비슷합니다.** 예 hoa [호아] 꽃　　hẹn [핸] 약속하다
k	**c와 마찬가지로 우리말의 [ㄲ]와 비슷합니다. 모음 i, e, ê와 결합니다.** 예 kể [깨] 말하다　　kẹo [깨오] 사탕
l	**영어의 [l]과 유사한 발음으로, 우리말의 [ㄹ]와 비슷합니다.** 예 lê [레] 배　　làng [랑] 마을
m	**입술을 다물었다 떼면서 발음하며 우리말의 [ㅁ]와 비슷합니다.** 예 mèo [매오] 고양이　　mũ [무] 모자

n	혀를 윗잇몸에 붙였다 떼면서 발음하며, 우리말의 [ㄴ]와 비슷합니다. 예 núi [누이] 산　　nướng [느엉] 굽다
p	입술을 다물었다 떼면서 발음하며 우리말의 [ㅃ]와 비슷합니다. 예 pin [삔] 건전기
q	c와 k처럼 우리말의 [ㄲ]와 비슷하며 항상 모음 u와 결합하여 사용합니다. 예 quê [꾸에] 고향　　quạt [꾸앗] 부채
r	d와 마찬가지로 우리말의 [ㅈ]와 비슷하며, 남부에서는 영어의 [r]과 유사한 [ㄹ] 발음을 합니다. 예 rau [자우] 채소　　răng [장] 치아
s	혀를 윗잇몸에 붙였다 떼면서 발음하며, 우리말의 [ㅆ]와 비슷합니다. 예 sao [싸오] 별　　sang [쌍] 건너다
t	우리말의 [ㄸ]와 비슷한 발음입니다. 예 táo [따오] 사과　　túi [뚜이] 가방
v	영어의 [v]와 비슷한 발음으로 윗니를 아랫입술에 살짝 대었다 떼면서 [ㅂ] 발음을 합니다. 예 váy [바이] 치마　　vui [부이] 즐거운
x	s와 마찬가지로 우리말의 [ㅆ]와 비슷하지만 s보다 약하게 발음합니다. 예 xa [싸] 먼　　xuân [쑤언] 봄

★ 복자음

MP3 01-05

ch	우리말의 [ㅉ]와 비슷한 발음입니다. 예 chim [찜] 새 cháo [짜오] 죽
gi	d과 마찬가지로 우리말의 [ㅈ]와 비슷합니다. 남부에서는 [ㅇ]로 발음합니다. 예 giàu [자우] 넉넉한 giấy [저이] 종이
gh	g과 마찬가지로 우리말의 [ㄱ]로 발음하며 모음 i, e, ê와만 결합하여 사용합니다. 예 ghi [기] 기록하다 ghen [갠] 시기하다
kh	목에서 나오는 발음으로 우리말의 [ㅋ]와 비슷합니다. 예 khăn [칸] 수건 khỉ [키] 원숭이
ng	비음으로 우리말의 [응]과 비슷하게 발음합니다. 예 ngồi [응오이] 앉다 ngô [응오] 옥수수
ngh	비음으로 ng와 마찬가지로 우리말의 [응]과 비슷하게 발음합니다. 예 nghe [응애] 듣다 nghĩ [응이] 생각하다
nh	혀를 윗잇몸에 붙였다 떼면서 발음하며, 우리말의 [니]와 비슷합니다. 뒤에 오는 모음에 따라 반모음화되는 특징이 있습니다. 예 nhà [냐] 집 nho [뇨(ㅓ)] 포도
ph	영어의 f와 비슷한 발음으로 윗입술을 아랫입술에 살짝 대었다 떼면서 [ㅍ] 발음을 합니다. 예 phở [퍼] 쌀국수 phía [피어] 방향
th	우리말의 [ㅌ]와 비슷한 발음입니다. 예 thư [트] 편지 thăm [탐] 방문하다
tr	ch와 마찬가지로 우리말의 [ㅉ]와 비슷합니다. 남부에서는 혀끝을 말아 입천장에 붙였다 떼면서 발음합니다. 예 trà [짜] 차 trưa [쯔어] 정오

- c, k, q 모두 우리말의 [ㄲ]와 비슷한 발음이지만, k는 i, e, ê와만 결합하고 c는 그 외 모음과 결합합니다. q는 항상 모음 u와 함께 사용됩니다.
- g, gh 모두 우리말의 [ㄱ]와 비슷한 발음이지만, gh는 i, e, ê와만 결합하고 g는 그 외 모음과 결합합니다.
- ng, ngh 모두 우리말의 [응]과 비슷한 발음이지만, ngh는 i, e, ê와만 결합하고 ng는 그 외 모음과 결합합니다.

★ 끝자음

MP3 01-06

c	우리말의 [ㄱ] 받침으로 발음합니다. 예 mặc [막] 입다 nhạc [냑] 음악
ch	우리말의 [익]으로 발음합니다. 모음 a, ê, i와만 결합하여 ach [아익], êch [에익], ich [익]으로 발음됩니다. 예 sách [싸익] 책 ếch [에익] 개구리 kịch [끽] 극, 연극
m	우리말의 [ㅁ] 받침으로 발음합니다. 예 ôm [옴] 안다 tắm [땀] 샤워
n	우리말의 [ㄴ] 받침으로 발음합니다. 예 chăn [짠] 이불 khen [캔] 칭찬하다
ng	우리말의 [ㅇ] 받침으로 발음합니다. 예 ông [옹(ㅁ)] 할아버지 trăng [땅] 달
nh	우리말의 [잉]으로 발음합니다. 모음 a, ê, i와만 결합하여 anh [아잉], ênh [에잉], inh [잉]으로 발음됩니다. 남부에서는 우리말의 [ㄴ] 받침으로 발음합니다. 예 bánh [바잉] 빵 mệnh [메잉] 운명 xinh [씽] 예쁜
p	우리말의 [ㅂ] 받침으로 발음합니다. 예 họp [홉(ㅓ)] 모이다 hộp [홉] 상자
t	우리말의 [ㅅ] 받침으로 발음합니다. 예 bát [밧] 그릇 tốt [똣] 좋은

성조

베트남어는 6개의 성조로 구성됩니다. 발음이 같은 단어라도 성조가 다르면 그 의미가 달라지기 때문에 발음과 성조를 함께 기억해야 합니다.

베트남어의 성조를 잘 하기 위해서는 평성음을 먼저 잡고 평성음을 중심으로 음을 올리고 내리면 됩니다. 평성음을 음계의 미 이상으로 높게 잡으면 다른 성조를 발음하기 쉬우며, 성조는 성조 기호의 모양에 따라 발음을 한다고 기억하면 연습할 때 많은 도움이 됩니다.

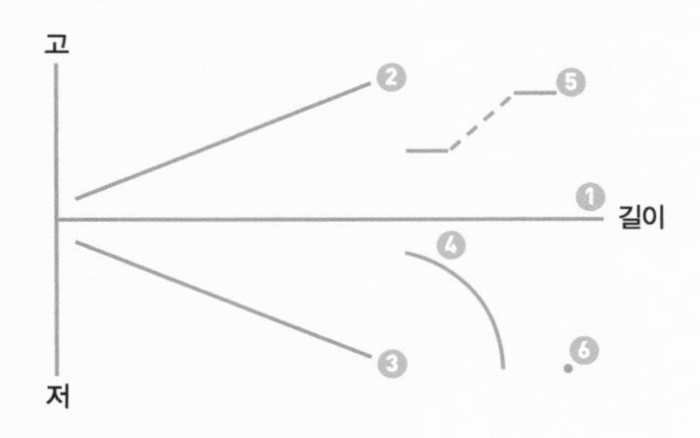

MP3 01-07

❶ Thanh ngang (Không dấu)

기호: (없음)

평성음으로 변화없이 발음합니다.

예 ma 귀신

❷ Thanh sắc (Dấu sắc)

기호: ˊ

낮은 음에서 높은 음으로 빠르게 도약시키며 발음합니다.

예 má 어머니

❸ Thanh huyền (Dấu huyền)

기호: ˋ

중간 음에서 천천히 부드럽게 내리며 발음합니다.

예 mà 그러나

❹ Thanh hỏi (Dấu hỏi)

기호: ̉

낮은 음에서 중간음으로 올렸다 다시 낮은 음으로 내리며 부드럽게 발음합니다.

예 mả 무덤

❺ Thanh ngã (Dấu ngã)

기호: ˜

높은 음에서 짧고 빠르게 내려갔다 잠시 멈춘 후 더 높은 음으로 급격히 올리며 발음합니다.

예 mã 말

❻ Thanh nặng (Dấu nặng)

기호: .

중간 음에서 시작하여 짧고 강하게 내려 끊으며 발음합니다.

예 mạ 볏모

베트남어의 인칭대명사

1인칭 단수	2인칭 단수	3인칭 단수
tôi [또이] 나 mình* [밍] 나	bạn [반] 너	2인칭 단수 + ấy [어이]
tớ* [떠] 나	cậu [꺼우] 너	
em [앰] 저(동생)	anh [아잉] 형, 오빠 chị [찌] 누나, 언니	
cháu [짜우] 저(손아랫사람)	chú [쭈] 젊은 아저씨 cô [꼬] 젊은 아주머니	
cháu [짜우] 저(손아랫사람)	bác [박] 아저씨, 아주머니	
cháu [짜우] 저(손아랫사람)	ông [옹(ㅁ)] 할아버지 bà [바] 할머니	
em [앰] 저(학생)	thầy [터이] 선생님(남) cô [꼬] 선생님(여)	

* tôi와 mình은 쓰임이 유사한데, mình은 재귀대명사로 '~ 자신'을 칭하기도 합니다.
* tớ는 친밀한 사이에서 '나'를 칭할 때 사용하며, 이때 상대방은 cậu를 사용합니다.

❶ 베트남어는 성별, 나이, 직업, 친분 관계 등에 따라 인칭대명사가 달라지며, 대화에서 이를 생략하지 않기 때문에 인칭대명사는 매우 중요합니다.
❷ 처음 만났을 때는 상대방의 나이가 어려 보여도 보통 남성은 anh으로, 여성은 chị, cô로 불러 줍니다.
❸ 나이를 직접 물어보거나 나이를 추측할 수 있는 질문을 통해 서로의 호칭을 정하게 되므로 첫 만남에서 나이를 물어봐도 결례가 아닙니다.

베트남어는?

베트남어는 베트남 전 지역에서 약 9,200만 명에 이르는 베트남인들이 사용하는 언어입니다. 54개의 소수 민족으로 이루어진 베트남은 소수 민족 각자 자신들의 고유한 언어를 갖고 있기도 합니다.
현재 사용되고 있는 베트남어는 수도 하노이를 중심으로 북부에서 사용되고 있는 언어입니다. 북과 남으로 긴 베트남은 발음, 성조, 어휘면에서 약간의 차이를 보이나 문법적인 차이는 없습니다.
베트남어의 첫 번째 특징은 바로 음절어라는 것입니다. 때문에 단어별로 또는 문장 성분별로 띄어 쓰는 것이 아니라 음절별로 띄어 쓰게 됩니다. 두 번째로 베트남어는 격, 수, 인칭, 성, 시제와 같은 문법적인 특징에 의해서 단어의 형태가 변하지 않습니다. 마지막으로 베트남어는 6개의 성조를 가진 성조어입니다. 베트남어의 성조는 매우 중요해서 같은 철자를 가진 단어, 예를 들어 sạch [싸익](깨끗한)과 sách [싸익](책) 같은 경우, 발음이 맞다 하더라도 성조가 틀리면 못 알아듣는 경우가 있기 때문에 성조를 정확히 하여 발음해야 합니다.

Ngày 02

Anh có khoẻ không?

잘 지내셨나요?

월 일

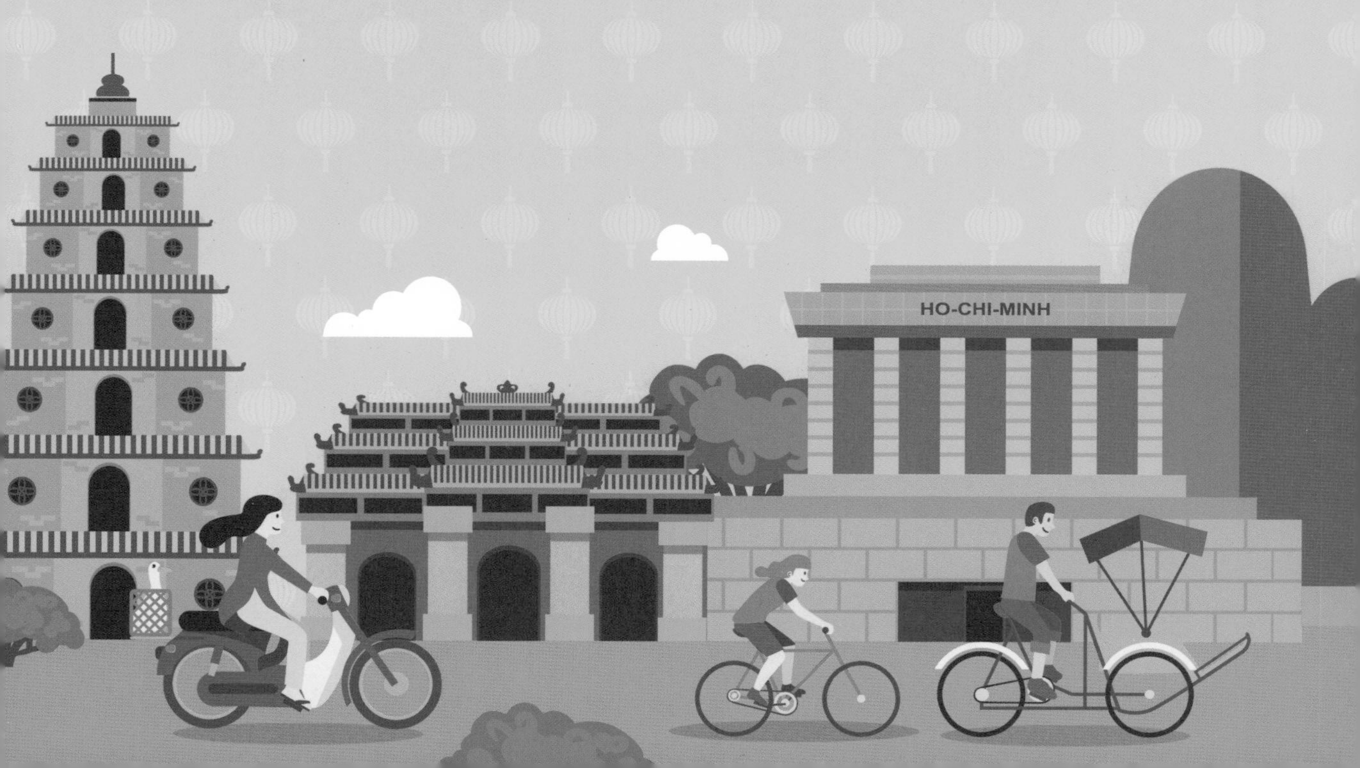

MP3와 강의를 들어 보세요

동영상 강의

본책

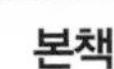

복습용 동영상

단어장

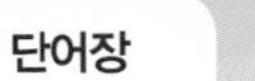

단어 암기 동영상

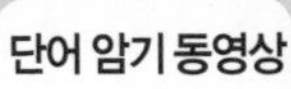

핵심 문장 익히기

MP3 02-01 들어 보기 MP3 02-02 회화 훈련

1

A 짜오 아잉
Chào anh. 안녕하세요.

B 짜오 찌
Chào chị. 안녕하세요.

★ Chào

'안녕하세요', '안녕히 가세요'의 의미로 시간(아침, 점심, 저녁 등)과 상황(만났을 때, 헤어질 때) 구별 없이 모두 사용할 수 있는 대표적인 인사입니다. 'Chào + 2인칭', 'Chào + 이름', 'Chào + 2인칭 + 이름'이 일반적인 형태이며 나보다 나이가 많은 어른이나 선생님에게 예의를 갖춰 인사할 때는 chào 앞에 1인칭을 넣어 '1인칭 + chào + 2인칭'을 사용합니다.

예 Chào anh. [짜오 아잉] 형/오빠 안녕하세요.
Chào Mina. [짜오 민아] 민아야 안녕.
Chào chị Lan. [짜오 찌 란] 란 누나/언니 안녕하세요.
Em chào thầy. [앰 짜오 터이] 선생님(남) 안녕하세요.

★ Xin/ạ

공손함과 예의를 나타내는 xin [씬]은 '요청/요구하다'의 의미로 문장 맨 앞에 사용합니다. ạ [아]는 특별한 의미 없이 문장 마지막에 사용하여 높임을 표현합니다. xin과 ạ는 다른 문장에서도 활용되며 단독으로 또는 함께 사용할 수 있습니다.

예 Chào ông. [짜오 옹(ㅁ)] 할아버지 안녕하세요.
= Cháu chào ông ạ. [짜우 짜오 옹(ㅁ) 아]
= Xin chào ông (ạ). [씬 짜오 옹(ㅁ) (아)]

anh 형, 오빠
chị 누나, 언니
ông 할아버지
bà 할머니
thầy 남자 선생님
cô 여자 선생님
em 저(동생, 학생)
cháu 손아랫사람, 손주

공부한 내용을 확인해 보세요!

할머니와 손주의 인사

A: ________ chào ________ ạ. 할머니, 안녕하세요.
B: Chào ________. 안녕, 얘야.

Cháu, bà
cháu

MP3 02-03 들어 보기 MP3 02-04 회화 훈련

2

아잉 꼬(ㅓ) 쾌 콩(ㅁ)
A Anh có khoẻ không? 잘 지내셨어요?

깜 언 찌 또이 쾌
B Cảm ơn chị. Tôi khoẻ. 감사해요. 저는 잘 지냈어요.

★ ~ có khoẻ không?

'2인칭 + có khoẻ không?'은 안부를 묻는 표현으로 '건강하세요(하지)?' 혹은 '잘 지냈어요(지냈지)?'로 해석할 수 있습니다. 친구나 가족처럼 가까운 사이뿐만 아니라 비즈니스 관계 등 사무적인 관계에서도 폭넓게 사용됩니다. 대답할 때는 상대방에게 'Cảm ơn + 2인칭(고마워요)'이라고 먼저 이야기를 한 후 '1인칭 + khoẻ(잘 지내다, 건강하다)'나 '1인칭 + bình thường(평소와 같다)'를 자신의 근황에 따라 사용하면 됩니다. 앞에서 배운 인사와 함께 사용할 수 있는 표현입니다.

예 A: Cô có khoẻ không? 선생님, 잘 지내셨어요?
B: Cảm ơn em. Tôi bình thường. 고마워. 나는 평소와 같아.

★ Lâu rồi không gặp + 2인칭

오랜만에 만났을 때 쓰는 관용 표현입니다. lâu rồi [러우 조이]는 '오래된'이라는 뜻이고 không gặp [콩(ㅁ) 갑]은 '만나지 못했다'라는 의미로, '오랫동안 만나지 못했다', 즉 '오랜만이다'라는 뜻입니다. 다른 표현으로는 'Lâu lắm không gặp [러우 람 콩(ㅁ) 갑] + 2인칭'도 있으며 lâu lắm [러우 람]은 '매우 오래'의 의미로 '매우 오래 만나지 못했다(=오랜만이다)'의 뜻입니다. 'Lâu rồi không gặp + 2인칭'과 '2인칭 + có khoẻ không?'을 함께 사용하여 인사와 안부를 동시에 표현해도 좋습니다.

단어

khoẻ 건강하다
bình thường 평소와 같은, 보통의
lâu 긴, 오랫동안
rồi 이미(완료를 만들 때 사용)
không (부정) ~이 아니다
gặp 만나다
lắm 매우

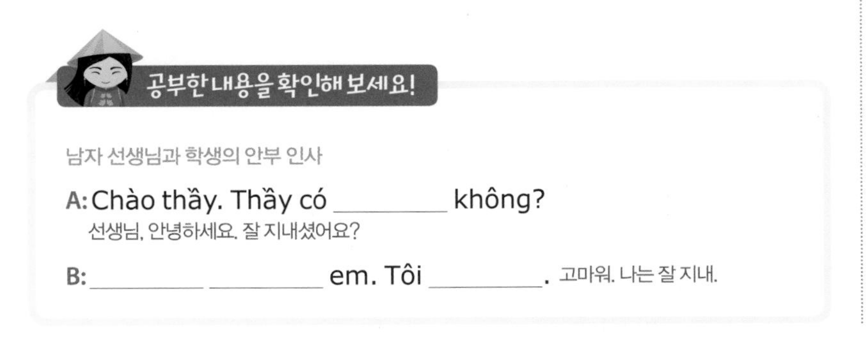

공부한 내용을 확인해 보세요!

남자 선생님과 학생의 안부 인사

A: Chào thầy. Thầy có ________ không?
선생님, 안녕하세요. 잘 지내셨어요?

B: ________ ________ em. Tôi ________. 고마워. 나는 잘 지내.

정답
khoẻ
Cảm ơn, khoẻ

MP3 02-05 들어 보기 MP3 02-06 회화 훈련

3

A 젓 부이 드억 갑 아잉
Rất vui được gặp anh. (당신을) 만나서 반갑습니다.

B 또이 꿍 젓 부이 드억 갑 찌
Tôi cũng rất vui được gặp chị.
저 또한 (당신을) 만나서 반갑습니다.

★ Rất vui được gặp

처음 만났을 때 반가움을 나타내는 관용적 표현으로 '만나서 반갑습니다'라는 뜻입니다. rất은 부사로 '매우'의 의미이며, 동사와 형용사 앞에 사용됩니다. '동사 + được'은 '~하게 되다'로 해석되는 수동태입니다. 위의 문장에서는 동사 gặp(만나다)과 결합하여 '만나게 되다'로 해석됩니다. 같은 표현으로는 'Rất hân hạnh được gặp [젓 헌 하잉 드억 갑] + 2인칭'이 있습니다. hân hạnh(기쁘다)을 활용한 표현으로 '만나게 되어 기쁩니다'라는 뜻입니다. 대답할 때는 cũng(또한)을 활용하여 '1인칭 + cũng ~(나 또한 ~)'이라고 하면 됩니다.

왕초보 탈출 팁

cũng은 '역시 ~하다', '또한'의 의미로, 동사와 형용사 앞에 사용되어 앞에 언급한 행동 또는 특성이 동일하거나 유사함을 나타냅니다.

단어

rất 매우
vui 즐거운, 기쁘다
cũng 역시 ~하다, 또한
hân hạnh 기쁘다

공부한 내용을 확인해 보세요!

처음 만나는 언니와 동생의 인사

A: Rất ________ được ________ chị. 만나서 반갑습니다.
B: Tôi ________ rất vui ________ ________ em. 나 역시 만나서 반가워.

정답

vui, gặp
cũng, được gặp

MP3 02-07 들어 보기 MP3 02-08 회화 훈련

4

핸 갑 라이 앰

A Hẹn gặp lại em. 다음에 또 만나자.

핸 갑 라이 찌

B Hẹn gặp lại chị. 다음에 또 만나요.

★ Hẹn gặp lại

헤어질 때 사용하는 관용적 표현으로 '다시 만나자'의 의미이며, 친근한 사이뿐 아니라 사무적인 관계에서도 폭넓게 사용할 수 있습니다. Tạm biệt [땀 비엣] 역시 헤어질 때 사용할 수 있는 표현입니다. 직역하면 '잠시의 이별'이란 뜻으로 '안녕'이라는 작별 인사가 됩니다. 앞에서 배운 'Chào + 2인칭' 또한 작별 인사로 사용할 수 있으며, Hẹn gặp lại와 Tạm biệt 앞에 'chào + 2인칭'을 함께 사용해서 작별 인사를 표현할 수도 있습니다.

★ đi trước

작별 인사로 사용되는 '1인칭 + đi trước [디 쯔억]'은 đi(가다)와 trước(~ 전, 먼저)을 활용한 '먼저 가다'라는 의미입니다. '1인칭 + đi về [디 베]' 또한 đi와 về(돌아가다)를 활용한 작별 인사로 사용됩니다. về는 trước과 달리 말하는 사람이 본래 있던 곳으로 돌아갈 때 사용한다는 차이가 있습니다. 두 표현 모두 'chào + 2인칭'과 함께 사용할 수 있습니다.

단어

hẹn 약속하다
lại 다시, 또
tạm biệt 안녕(작별 인사)
đi 가다
về 돌아가다, 돌아오다
trước ~ 전, 먼저
ừ 응

공부한 내용을 확인해 보세요!

① 친구와의 인사

A: Chào bạn. ________ gặp ________ bạn. 안녕. 또 만나자.

B: Hẹn ________ lại bạn. 또 만나자.

② 선생님과 학생의 인사

A: Chào cô. Em ________ trước ạ. 안녕히 계세요. 저 먼저 가겠습니다.

B: Ừ, ________ em. 응, 잘 가.

정답

① Hẹn, lại, gặp
② đi, chào

MP3 02-09 들어 보기 MP3 02-10 회화 훈련

짜오 찌 호아
Chào chị Hoa.

짜오 앰
Chào em.

자오 나이 찌 꼬(ㅓ) 쾌 콩(ㅁ)
Dạo này[1] **chị có khoẻ không?**

깜 언 앰 또이 쾌 꼰(ㅓ) 앰
Cảm ơn em.[2] **Tôi khoẻ. Còn**[3] **em?**

깜 언 찌 앰 꿍 쾌
Cảm ơn chị. Em cũng khoẻ.

짜오 찌
Chào chị.

으 짜오 앰
Ừ, chào em.

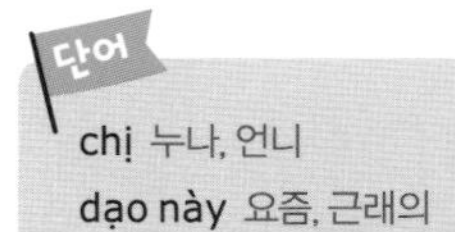

chị 누나, 언니
dạo này 요즘, 근래의
em 너(동생, 학생)
cảm ơn 고맙습니다, 감사합니다
cũng 역시 ~하다, 또한
còn 그런데, 그리고, 여전히, 남다

지성　호아 누나, 안녕하세요.

호아　안녕.

지성　요즘 잘 지내셨어요?

호아　고마워. 나는 잘 지내. 너는?

지성　고마워요. 저 또한 잘 지내요.

…

지성　안녕히 가세요.

호아　응, 안녕.

회화 Tip

❶ dạo này [자오 나이]는 '요즘'이라는 의미로 안부를 물어볼 때 문장 앞에 넣어 사용할 수 있습니다.

❷ 베트남에서는 만났을 때 서로의 안부를 묻고 답하는 것이 일반적이며, 영어와 달리 cảm ơn(고맙습니다)이 문장 앞에 위치합니다.

❸ còn [꼰(ㅓ)]은 연결사로 '그리고', '그런데'의 의미입니다. 화제를 전환하거나 앞서 질문한 것을 다른 사람에게 동일하게 질문할 때 사용합니다.

실력확인 연습문제

1 빈칸에 들어갈 말을 적고, 소리 내어 말해 보세요.

1 A: _________ em. 안녕.

B: Em _________ thầy ạ. 안녕하세요.

2 A: _________ gặp lại chị. 또 만나요.

B: _________ gặp lại em. 또 만나자.

3 A: Chị có _________ không? 잘 지내셨어요? (= 건강하세요?)

B: Cảm ơn em. Chị _________. 고마워. 난 잘 지냈어. (= 건강해)

2 빈칸에 들어갈 알맞은 말을 고르세요.

1 A: Rất vui được _______ anh. 만나서 반갑습니다.

B: Tôi cũng rất vui được _______ em. (나 또한) 만나서 반가워.

① đi ② học ③ gặp ④ làm

2 A: Cháu _______ ông. 안녕하세요.

B: _______ cháu. 안녕.

① vui ② chào ③ trước ④ cũng

3 A: Chị có khoẻ không? 잘 지내셨어요?

B: Tôi _______. 나는 평소와 같아.

① thích ② bình thường ③ nấu cơm ④ xem phim

정답
1 1. Chào, chào 2. Hẹn, Hẹn 3. khoẻ, khoẻ
2 1. ③ 2. ② 3. ②

베트남의 전통 의상, 아오 자이

아오 자이(áo dài)는 베트남의 전통 의상입니다. áo는 '윗옷', dài는 '긴'이라는 단어로, 직역하면 '긴 옷'이라는 뜻입니다. 현대에 이르러서는 전통 의상 중에서도 주로 여성이 입는 옷을 아오 자이라고 부르며, 남성용 아오 자이도 있으나 대부분 결혼이나 전통 의식 등 특별한 행사 때만 입습니다.

현재의 여성용 아오 자이 디자인은 프랑스령 인도차이나 시대에 개량된 것입니다. 1976년 사회주의 정부가 노동에 부적합하고 퇴폐적이라는 이유로 착용을 금지하였으나 1986년 Đổi Mới(도이 머이) 정책 추진 이후 완화되었습니다. 최근에는 각종 예식에서 즐겨 착용하고 여고생들의 교복이나 주요 기업체의 제복으로 사용되기도 합니다.

Tôi là người Việt Nam.

나는 베트남 사람입니다.

월 일

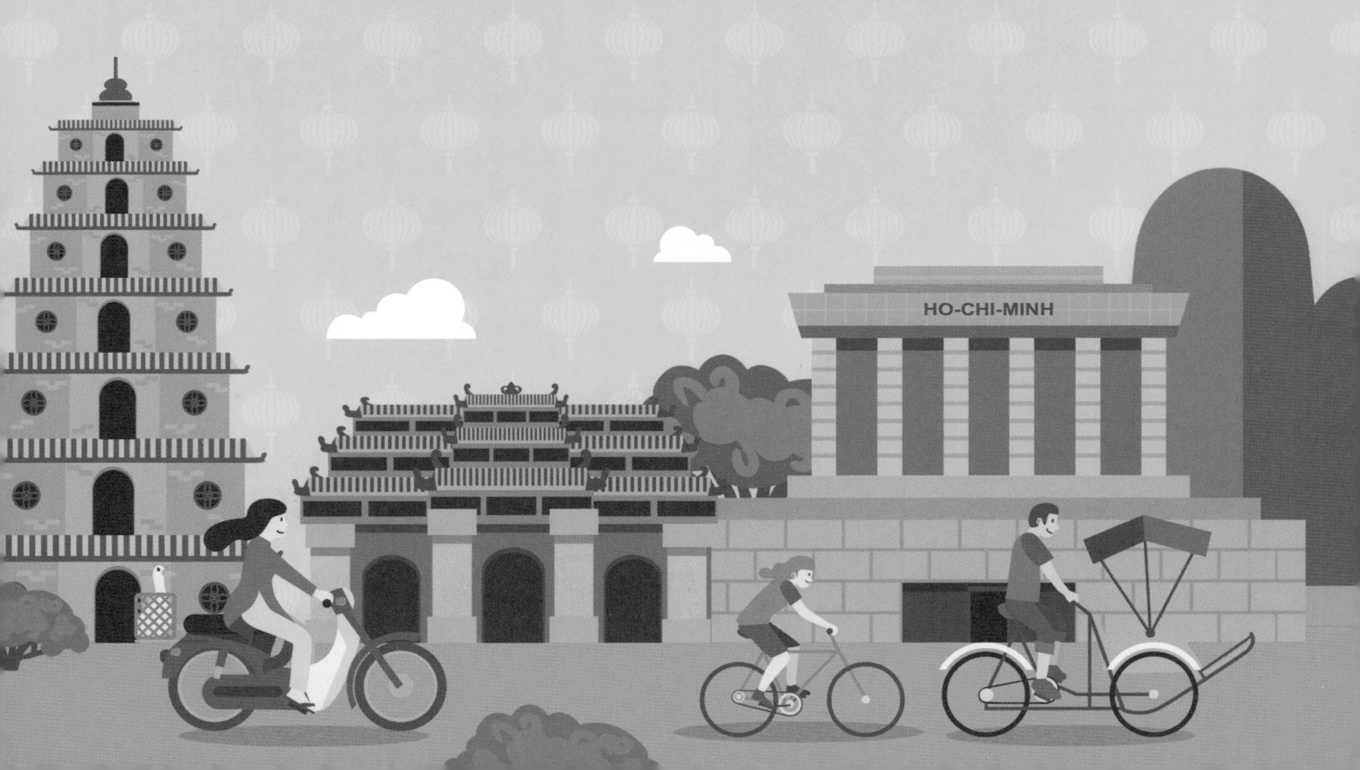

MP3와 강의를 들어 보세요

동영상 강의

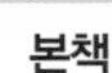

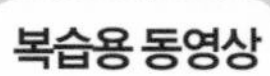

단어장

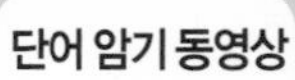

MP3 03-01 들어 보기 MP3 03-02 회화 훈련

1

찌 뗀 라 지
A **Chị tên là gì?** 누나의 이름은 무엇입니까?

또이 뗀 라 란
B **Tôi tên là Lan.** 내 이름은 란이야.

★ 이름 묻고 답하기

상대방의 이름은 의문사 gì(무엇)를 활용하여 물어보며, 의문사 자리에 이름을 넣어 대답합니다.

질문 주어 + tên là gì?

예 Anh tên là gì? 형/오빠의 이름은 뭐예요?

대답 주어 + tên là + 이름.

예 Tôi tên là Hùng. 내 이름은 훙이야.

질문 Tên + 주어 + là gì?

예 Tên anh là gì? 형/오빠의 이름은 뭐예요?

대답 Tên + 주어 + là + 이름.

예 Tên tôi là Hùng. 내 이름은 훙이야.

왕초보 탈출 팁

'tên + 주어'는 'tên + của + 주어'에서 소유격 của [꾸어](~의)가 생략된 표현입니다.

단어

tên 이름
là ~이다
gì (의문사) 무엇
của ~의

공부한 내용을 확인해 보세요!

① 언니와 동생의 대화

A: Chị ________ là gì? 언니의 이름은 무엇인가요?

B: Tôi tên ________ Hiền. 내 이름은 히엔이야.

② 선생님과 학생

A: ________ em là gì? 네 이름은 뭐니?

B: ________ em là Jihee. 제 이름은 지희입니다.

정답

① tên, là
② Tên, Tên

MP3 03-03 들어 보기 MP3 03-04 회화 훈련

2

떼 아잉 어이 라 지
A Tên anh ấy là gì? 그의 이름은 무엇입니까?

떼 아잉 어이 라 훙
B Tên anh ấy là Hùng. 그의 이름은 훙입니다.

★ là 서술어

긍정문에서 '~이다'의 뜻으로 쓰이며, 명사 앞에 사용되어 주어와 명사가 같음을 표현합니다. 부정문에서는 부정의 không [콩(ㅁ)](~이 아닌)과 phải [파이](옳은, 맞는)를 결합한 không phải là(~이 맞지 않는)를 사용하여 주어와 명사가 같지 않음을 표현합니다.

긍정문 주어 + là + 명사.
예 Tôi tên là Hiền. 내 이름은 히엔이야.

부정문 주어 + không phải là + 명사.
예 Tên chị ấy không phải là Hiền. 그녀의 이름은 히엔이 아닙니다.

단어

ấy 그, 그것
chị ấy (3인칭) 그녀
phải 옳은, 오른(쪽), ~해야 한다
không ~이 아닌
không phải là ~이 아니다

① Chị ấy tên ________ Hiền. 그녀의 이름은 히엔이다.

② Tên em ấy ________ ________ ________ Jihee.
그 아이의 이름은 지희가 아니다.

정답
① là
② không phải là

핵심 문장 익히기

MP3 03-05 들어 보기 MP3 03-06 회화 훈련

3

앰 라 응어이 느억 나오
A Em là người nước nào? 너는 어느 나라 사람이니?

앰 라 응어이 한 꾸옥
B Em là người Hàn Quốc. 저는 한국 사람입니다.

★ 국적 묻고 답하기

국적을 물어볼 때는 의문사 nào [나오](어느, 어떠한)를 사용합니다. 의문사 nào는 수식을 받는 명사와 함께 사용합니다. nào의 수식을 받는 명사는 người(사람)와 nước(나라)이며, 이는 '어느 나라 사람'이라는 의미입니다. 대답할 때는 nước nào 자리에 나라 이름을 넣으면 됩니다.

질문 주어 + là + người + nước + nào?

예 Anh là người nước nào? 형/오빠는 어느 나라 사람입니까?

대답 주어 + là + người + 나라 이름.

예 Tôi là người Pháp. 나는 프랑스 사람이야.

단어

người 사람
nước 나라
nào 어느, 어떠한
Hàn Quốc 한국
Pháp 프랑스
Anh 영국

공부한 내용을 확인해 보세요!

① 형과 동생의 대화

A: Anh là người ________ ________? 형은 어느 나라 사람이에요?

B: Tôi là ________ Pháp. 나는 프랑스 사람이야.

② 나는 영국(Anh) 사람입니다.

➔ ________________________________

③ 그녀는 한국(Hàn Quốc) 사람이 아닙니다.

➔ ________________________________

정답

① nước nào, người
② Tôi là người Anh.
③ Chị ấy không phải là người Hàn Quốc.

MP3 03-07 들어 보기 MP3 03-08 회화 훈련

4

깍 아잉 라 응어이 느억 나오
A Các anh là người nước nào?
오빠들은 어느 나라 사람이에요?

쭝 또이 라 응어이 비엣 남
B Chúng tôi là người Việt Nam.
우리는 베트남 사람이야.

★ 복수 인칭대명사

베트남어의 복수 인칭대명사는 다음과 같습니다. 2인칭 복수는 'các + 2인칭 단수'이며, 3인칭 복수는 '2인칭 복수 + ấy'입니다.

1인칭 복수	2인칭 복수	3인칭 복수
chúng tôi 우리 chúng ta 우리 chúng mình 우리 chúng em 저희 chúng cháu 저희	các bạn 너희 các anh 형/오빠들 các chị 누나/언니들 các thầy 남자 선생님들 các cô 여자 선생님들 các chú (젊은) 아저씨들 các cô (젊은) 아주머니들 các bác 아저씨/아주머니들 các ông 할아버지들 các bà 할머니들	2인칭 복수 + ấy

chúng tôi [쭝 또이]는 듣는 사람(상대방)을 포함하지 않는 '우리'이고 chúng ta [쭝 따]는 듣는 사람을 포함하는 '우리'입니다. họ [호(ㅓ)]는 '그들'이라는 의미의 3인칭 복수입니다.

예 A: Dạo này các chị có khoẻ không? 요즘 누나/언니들은 잘 지내시죠?
B: Cảm ơn em. Chúng tôi đều khoẻ. 고마워. 우리는 모두 잘 지내.

공부한 내용을 확인해 보세요!

❶ ________ ________ là người Mĩ. 저희는 미국 사람입니다.

❷ Chúng tôi ________ ________ ________ người Lào.
우리는 라오스 사람이 아닙니다.

왕초보 탈출 팁

베트남어는 인칭대명사의 단복수와 격에 따른 서술어의 변화가 없는 것이 특징입니다.

예 Tôi là người Việt Nam.
나는 베트남 사람이다.
Chị ấy là người Việt Nam.
그녀는 베트남 사람이다.
Chúng tôi là người Việt Nam.
우리는 베트남 사람이다.

단어

các ~들(복수)
đều 모두, 모든
Mĩ 미국
chúng em 저희
Việt Nam 베트남
Lào 라오스

정답
① Chúng em
② không phải là

MP3 03-09 들어 보기 MP3 03-10 회화 훈련

짜오 아잉
Chào anh.①

짜오 찌 또이 라 한스
Chào chị. Tôi là Hans.②

찌 뗀 라 지
Chị tên là gì?

또이 뗀 라 링
Tôi tên là Linh.

또이 라 응어이 비엣 남 꼰(ㅓ) 아잉
Tôi là người Việt Nam③. Còn anh?

또이 라 응어이 득
Tôi là người Đức.

젓 부이 드억 갑 아잉
Rất vui được gặp anh.

또이 꿍 젓 부이 드억 갑 찌
Tôi cũng rất vui được gặp chị.

là ~이다	tên 이름	gì (의문사) 무엇
người 사람	Việt Nam 베트남	Đức 독일

링	안녕하세요.
한스	안녕하세요. 제 이름은 한스입니다. 당신의 이름은 무엇입니까?
링	제 이름은 링입니다. 저는 베트남 사람이에요. 당신은요?
한스	저는 독일 사람이에요.
링	만나서 반가워요.
한스	저도 당신을 만나서 반가워요.

회화 Tip

❶ 처음 만났을 때는 상대방의 나이가 어려 보여도 일반적으로 남성은 anh, 여성은 chị 또는 cô를 사용하며 이때는 '형/오빠'나 '누나/언니'가 아닌 '당신'으로 해석합니다.

❷ tên을 생략하고 '1인칭 + là + 이름'만을 사용하여 '나는 ~입니다'라고 이름을 말할 수 있습니다.

❸ 나라 이름과 고유명사의 첫 글자는 대문자로 쓰며 문장의 첫 단어의 첫 글자도 대문자로 써야 합니다.

실력확인 연습문제

1 **빈칸에 들어갈 말을 적고, 소리 내어 말해 보세요.**

1 A: Anh ________ là gì? 형/오빠의 이름은 무엇인가요?

B: Tôi tên ________ Minh. 내 이름은 밍이야.

2 A: Em là người ________ ________? 너는 어느 나라 사람이니?

B: Em là ________ Việt Nam. 저는 베트남 사람입니다.

3 Chị ấy là ________ Mĩ. 그녀는 미국 사람입니다.

Chị ấy ________ ________ ________ người Mĩ.

그녀는 미국 사람이 아닙니다.

2 **빈칸에 들어갈 알맞은 말을 고르세요.**

1 Cô ấy tên ________ Hiền. 그녀의 이름은 히엔입니다.

① là ② và ③ mà ④ cà

2 Tôi là ________ Đức. 나는 독일 사람이야.

① cường ② vường ③ người ④ mường

3 Thầy Kim ________ người Pháp.

김 선생님은 프랑스 사람이 아닙니다.

① không ② không là ③ phải là ④ không phải là

정답 **1** 1. tên, là 2. nước nào, người 3. người, không phải là
2 1. ① 2. ③ 3. ④

베트남 여행지 ❶
하노이, 사파

베트남사회주의공화국의 수도 하노이(Hà Nội)는 베트남 북부에 위치하며 중국과 라오스 국경과 인접해 있습니다. 하노이는 사계절이 비교적 뚜렷한 아열대성 기후지만, 여름은 한국보다 더 덥고 겨울은 한국보다 덜 춥습니다. 하노이 근처 고산지대에는 아주 추울 때 간혹 눈이 오기도 합니다. 하노이의 번화가는 호안 끼엠 호수(Hồ Hoàn Kiếm)를 중심으로 옛 역사가 묻어나는 북쪽의 구 시가지와 현대 도시의 모습을 볼 수 있는 남쪽의 신시가지로 나뉘며, 서로 다른 매력을 느낄 수 있습니다.

하노이에서 북서쪽으로 약 350km 떨어진 곳에는 사파(Sa Pa)가 있습니다. 사파는 프랑스 식민지 시대에 프랑스인들의 휴가지로 개발된 산악마을입니다. 이곳에는 인도차이나에서 가장 높은 판시빵(Phan Xi Păng) 산(3,143m)이 있으며, 2016년 정상 부근까지 올라가는 케이블카가 설치되어 많은 관광객들에게 사랑받고 있습니다.

Tôi là kĩ sư.

나는 엔지니어입니다.

월 일

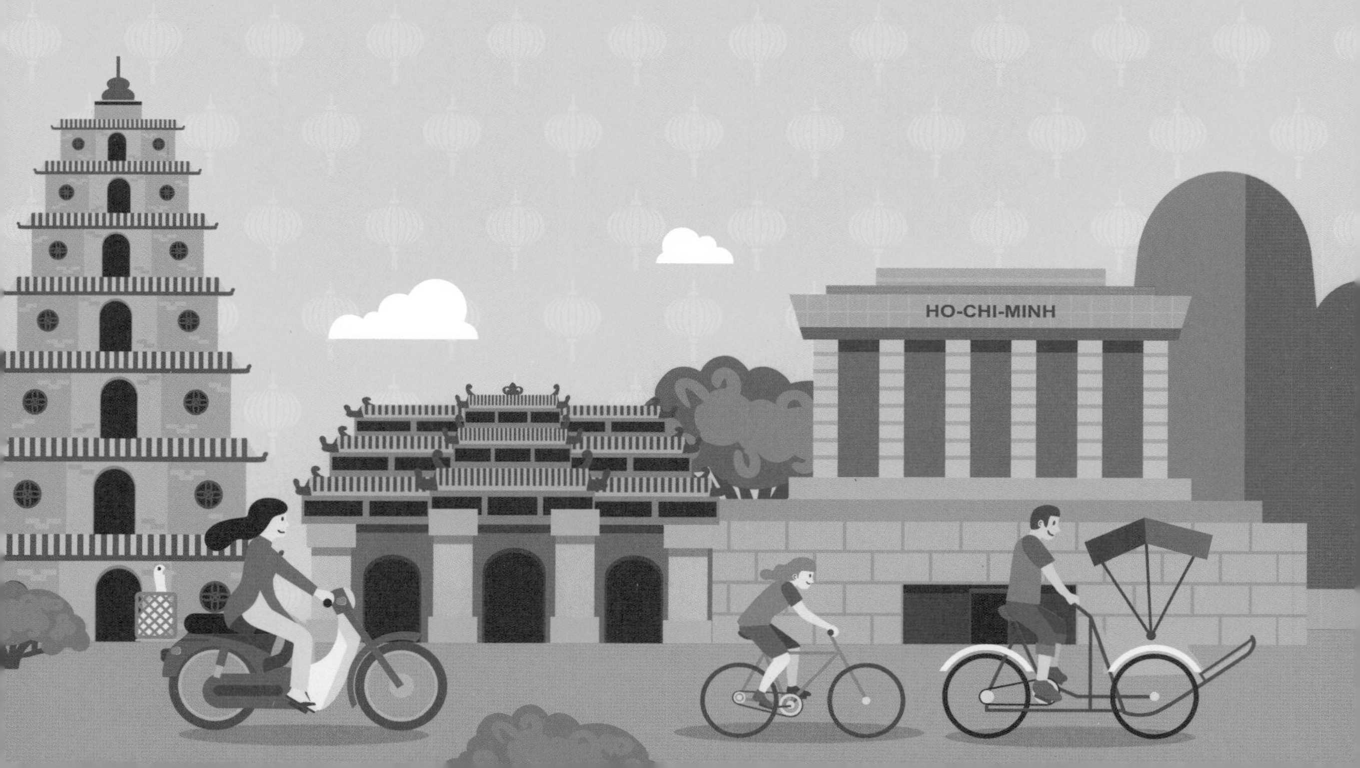

MP3와 강의를 들어 보세요

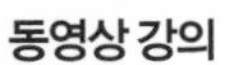

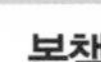

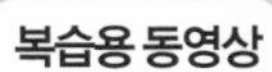

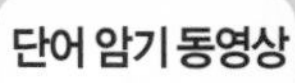

핵심 문장 익히기

MP3 04-01 들어 보기 MP3 04-02 회화 훈련

1

아잉 람 응에 지
A Anh làm nghề gì? 오빠의 직업은 뭐예요?

또이 라 끼 쓰
B Tôi là kĩ sư. 나는 엔지니어야.

★ 직업 묻고 답하기

'2인칭 + làm nghề gì?'는 직업을 물을 때 사용하는 표현으로 nghề(직업)를 생략하고 '2인칭 + làm gì?'라고 묻기도 합니다. 이때 làm은 '~하다'라는 뜻입니다. 대답할 때는 일반적으로 '1인칭 + là + 직업명'을 많이 사용하지만 '1인칭 + làm + 직업명'을 사용하기도 하며 의미의 변화는 없습니다.

질문 주어 + làm (nghề) gì?

예 Chị Trang làm (nghề) gì? 짱 누나/언니의 직업은 무엇입니까?

대답 주어 + là/làm + 직업명.

예 Chị ấy là bác sĩ. 그녀는 의사입니다.

★ 2인칭 + làm việc ở đâu?

làm việc [람 비엑](일하다)과 ở đâu [어 더우](어디에서)를 결합한 làm việc ở đâu?(어디에서 일하세요?)를 사용하여 간접적으로 직업을 물어볼 수 있습니다. 대답할 때는 의문사 đâu 자리에 일하는 곳(장소)을 넣어서 대답하면 됩니다.

질문 주어 + làm việc ở đâu?

예 Anh làm việc ở đâu? 형/오빠는 어디에서 일합니까?

대답 주어 + làm việc ở + 장소.

예 Tôi làm việc ở ngân hàng VN. 나는 VN은행에서 일해.

공부한 내용을 확인해 보세요!

A: Chị làm việc __________ __________? 누나/언니는 어디에서 일하세요?

B: Tôi __________ việc __________ công ti điện máy.

나는 전기회사에서 일해.

단어

làm ~하다
nghề(nghiệp) 직업
kĩ sư 엔지니어, 기술자
bác sĩ 의사
làm việc 일하다
ở ~에(서), ~에 있다
đâu 어디
ngân hàng 은행
công ti 회사
điện máy 전기

정답

ở đâu
làm, ở

MP3 04-03 들어 보기 MP3 04-03 회화 훈련

2

찌 마이 꼬(ㅓ) 파이 라 냐 바오 콩(ㅁ)

A Chị Mai có phải là nhà báo không?

마이 언니는 기자입니까?

콩(ㅁ) 찌 마이 라 루엇 쓰

B Không, chị Mai là luật sư.

아니요, 마이 누나는 변호사입니다.

★ ~ có phải là ... không?

'~이다'라는 뜻의 서술어 là에 대한 의문문으로, 이에 대한 긍정의 대답은 vâng [벙](네) 또는 phải [파이](맞아요)를 사용하고 부정의 대답은 không [콩(ㅁ)](아니요) 또는 không phải [콩(ㅁ) 파이](맞지 않아요)를 사용합니다.

예 A: Em có phải là người Đức không? 너는 독일 사람이니?
B: Vâng. / Phải. 네.
Không. / Không phải. 아니요.

★ 부가의문문

부가의문문 '~ phải không?'은 알고 있는 사실이나 예상하는 것을 확인하기 위해 사용하며, là 서술어 외에 동사, 형용사와도 사용이 가능합니다.

예 A: Em là người Đức phải không? 너는 독일 사람이 맞니?
B: Phải. 네.
Không phải. 아니요.

공부한 내용을 확인해 보세요!

① A: Anh ________ ________ là họa sĩ ________? 당신은 화가입니까?
B: Không phải. Tôi ________ ________ là họa sĩ.
아니요. 나는 화가가 아닙니다.

② A: Chị là luật sư ________ ________? 당신은 변호사가 맞습니까?
B: Dạ ________. 네, 맞아요.

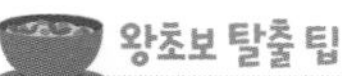

왕초보 탈출 팁

긍정의 대답으로 북부에서는 vâng을 남부에서는 dạ [자]를 사용합니다. 그러나 공손한 대답을 위해 지역에 구별없이 dạ를 사용하여 긍정의 대답에는 dạ vâng(네)와 dạ phải(네, 맞아요)를, 부정의 대답에는 dạ không(네, 아니요)과 dạ không phải(네, 아닙니다)를 사용합니다. 말하는 사람보다 나이가 어린 사람에게는 '응'이라는 뜻의 ừ [으]를 사용해 대답합니다.

단어

nhà báo (신문)기자
luật sư 변호사
họa sĩ 화가

정답
① có phải, không, không phải
② phải không, phải

MP3 04-05 들어 보기 MP3 04-06 회화 훈련

3

찌 당 람 지
A Chị đang làm gì? 누나는 뭐 하고 있어요?

또이 당 독(ㅓ) 싸익
B Tôi đang đọc sách. 나는 책을 읽고 있어.

★ 시제

동사 앞에 사용되어 과거, 미래, 현재 진행 등을 나타내는 표현들을 알아봅시다.

과거	đã [다]	~했다	예 Tôi đã nấu cơm. 나는 요리를 했다.
현재 진행	đang [당]	~하고 있다, ~하는 중이다	예 Tôi đang nấu cơm. 나는 요리를 하고 있다.
미래	sẽ [쌔]	~할 것이다	예 Tôi sẽ nấu cơm. 나는 요리를 할 것이다.

★ làm gì 의문문

làm(하다)과 의문사 gì(무엇)가 결합한 의문문으로 무엇을 하는지 행위에 대해 물어볼 수 있습니다. 행위를 물을 때는 일반적으로 시제와 함께 사용되므로 직업을 묻는 làm gì 의문문과 구분할 수 있습니다. 대답할 때는 làm gì 자리에 알맞은 동사를 넣으면 됩니다.

질문 주어 + 시제 + làm gì?
예 Chị đang làm gì? 누나/언니는 무엇을 하고 있어요?

대답 주어 + 시제 + 동사.
예 Tôi đang nghe nhạc cổ điển. 나는 클래식 음악을 듣고 있어.

공부한 내용을 확인해 보세요!

① A: Anh ________ làm gì? 형은/오빠는 무엇을 하고 있어요?
B: Tôi đang tập thể dục. 나는 운동을 하고 있어.

② A: Em ________ làm gì? 너는 무엇을 했니?
B: Em ________ xem phim. 저는 영화를 봤어요.

단어

đọc 읽다
sách 책
nấu 요리하다
cơm 밥
nghe 듣다
nhạc cổ điển 고전음악, 클래식
tập thể dục 운동(하다)
xem 보다
phim 영화

정답
① đang
② đã, đã

MP3 04-07 들어 보기 MP3 04-08 회화 훈련

4

찌 안 지
A Chị ăn gì? 누나는 무엇을 먹나요?

또이 안 퍼 보(ㅓ)
B Tôi ăn phở bò. 나는 소고기 쌀국수를 먹어.

★ 의문사 gì

의문사 gì(무엇, 무슨)은 '동사 + gì?(무엇을 ~합니까?)' 와 '동사 + 명사 + gì?(무슨 ~를 … 합니까?)'로 사용됩니다. 대답은 의문사 gì 자리에 '무엇'에 해당하는 동사나 명사를 넣으면 됩니다.

질문 주어 + 동사 + gì?

예 Chị Lan học gì? 란 누나/언니는 무엇을 공부합니까?

대답 주어 + 동사 + 무엇.

예 Chị Lan học tiếng Đức. 란 누나/언니는 독일어를 공부합니다.

질문 주어 + 동사 + 명사 + gì?

예 Anh xem phim gì? 형/오빠는 무슨 영화를 봅니까?

대답 주어 + 동사 + 명사 + 무엇.

예 Tôi xem phim <Em là bà nội của anh>. 나는 영화 〈내가 니 할매다〉를 봐.

★ 가까운 시간 표현

말하는 시점에서 가까운 시간들은 다음과 같이 말할 수 있습니다. 문장 안에 이와 같이 과거, 현재, 미래의 시간을 표현하는 단어가 있을 경우 시제를 생략하기도 합니다.

그제	어제	오늘	내일	모레
hôm kia	hôm qua	hôm nay	ngày mai	ngày kia

예 Hôm qua tôi (đã) gặp cô Lan. 어제 나는 란 선생님을 만났다.
Ngày mai tôi (sẽ) đi mua sắm. 내일 나는 쇼핑하러 갈 것이다.

단어

ăn 먹다
phở bò 소고기 쌀국수
học 공부하다
tiếng Đức 독일어
mua sắm 물건을 사다

MP3 04-09 들어 보기 MP3 04-10 회화 훈련

자오 나이 찌 람 지
Dạo này chị làm gì?

또이 번 람 냐 씨 어 베잉 비엔 VN
Tôi vẫn[1] làm nha sĩ ở bệnh viện VN.

꼰(ㅓ) 아잉
Còn anh?

또이 꿍 람 비엑 어 응언 항 비나
Tôi cũng làm việc ở ngân hàng Vina.

홈 꽈 또이 다 디 꽁 딱 베
Hôm qua tôi đã đi công tác về[2].

짝 아잉 멧 꽈 니
Chắc[3] anh mệt quá nhỉ[4]?

으 허이 멧
Ừ, hơi mệt.

단어

làm ~하다	vẫn 여전히, 아직	nha sĩ 치과 의사
ở ~에, ~에 있다	bệnh viện 병원	làm việc 일하다
ngân hàng 은행	hôm qua 어제	chắc 아마도, 확실히
mệt 피곤한	quá 매우, 정말	hơi 약간

뚜언 요즘 당신은 뭐 하세요?

럼 전 계속 VN병원에서 치과 의사로 일하고 있어요.
당신은요?

뚜언 저 또한 비나은행에서 일하고 있어요.
어제는 출장을 갔다 왔어요.

럼 아마도 당신은 매우 피곤하겠네요?

뚜언 네, 약간 피곤하네요.

회화 Tip

❶ '여전히'의 의미로 동사 앞에 위치하여 계속적 의미를 표현합니다.

❷ 어딘가를 갔다 돌아왔음을 표현하며 đi(가다)와 về(돌아오다, 돌아가다)의 사이에 장소나 행위의 목적이 있는 동사를 넣어 사용합니다.

장소	Mẹ tôi đi chợ về. 어머니는 시장에 갔다 오셨다.
동사	Tôi đi học về. 나는 공부하고 왔다.

❸ 추측을 나타내는 표현으로 문장 앞에서 사용됩니다. 뒤에 là를 붙여 chắc là라고 말할 수도 있습니다. 유사한 의미로는 có lẽ(아마도)가 있습니다.

❹ 문장 끝에 붙여 상대방의 의견에 동의하거나 상대방이 자신의 의견에 동조해 주기를 바랄 때 또는 스스로 자문할 때 사용됩니다. 문장 안의 nhỉ는 따로 해석하지는 않습니다.

실력확인 연습문제

1 빈칸에 들어갈 말을 적고, 소리 내어 말해 보세요.

1 나는 의사입니다.

➔ ______________________________

2 그녀는 화가가 아닙니다.

➔ ______________________________

3 나는 책을 읽고 있습니다.

➔ ______________________________

2 빈칸에 들어갈 알맞은 말을 고르세요.

1 A: Anh ________ nghề gì? 형/오빠의 직업은 뭐예요?

B: Tôi là nhà báo. 나는 기자야.

① làm　② là　③ đang　④ học

2 A: Chị Mai là giáo viên ________? 마이 누나/언니는 교사가 맞나요?

B: Dạ phải. 응, 맞아.

① không phải　② dạ phải　③ có phải　④ phải không

3 A: Cậu ________ làm gì? 너는 뭐 하고 있어?

B: Tớ ________ xem phim. 나는 영화를 보고 있어.

① là　② đang　③ học　④ muốn

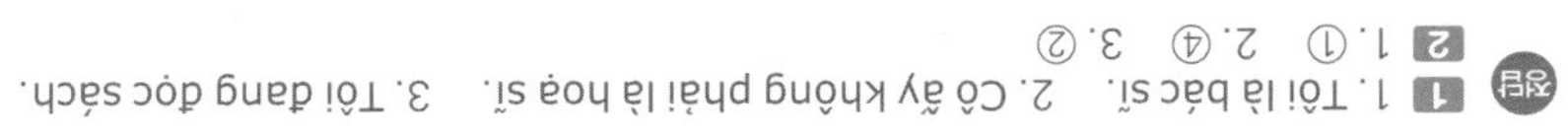

베트남 여행지 ❷
다낭, 호이안

다낭(Đà Nẵng)은 베트남 중부의 최대 상업 도시이자 항구 도시입니다. 남중국해에 면한 주요 항구 도시인 다낭은 오래전부터 동서무역의 국제무역항으로 발전하였습니다. 다낭 부근에는 참파(Chăm Pa)왕국의 유적인 미선(Mỹ Sơn) 유적지가 있으며, 다낭 시내에는 참파 유물을 보존하는 박물관이 있습니다. 다낭 시내에서 자동차로 20여 분 거리에는 5개의 작은 산으로 이루어진 오행산(Ngũ Hành Sơn)이 있는데, 이곳에서는 대리석이 생산됩니다.

다낭에서 남쪽으로 약 30km 거리에 위치한 호이안(Hội An) 역시 여행하기 좋은 곳 중 하나입니다. 16세기 중엽 무역 도시로 번성했던 호이안은 복고적인 도시의 분위기 때문에 세계 여행객들에게 관광지로 각광받고 있으며, 1999년 유네스코 세계문화유산으로 지정되었습니다.

Ngày 05

Đây là cái bút.

이것은 펜입니다.

월 일

MP3와 강의를 들어 보세요

공부 순서

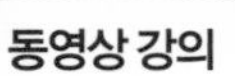

동영상 강의

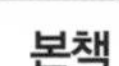

본책

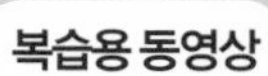

복습용 동영상

단어장

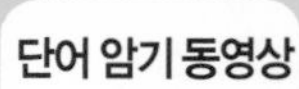

단어 암기 동영상

MP3 05-01 들어 보기 MP3 05-02 회화 훈련

1

더이 라 까이 지
A Đây là cái gì? 이것은 무엇입니까?

더이 라 까이 붓
B Đây là cái bút. 이것은 펜입니다.

★ 지시대명사

베트남어의 지시대명사는 영어나 한국어와 달리 사물, 장소, 사람의 구분 없이 사용할 수 있습니다.

đây	이것, 이곳, 이분/이 사람	말하는 사람과 가까이 있는 것을 가리킬 때
đấy đó	그것, 그곳, 그분/그 사람	말하는 사람에게는 멀지만 듣는 사람에게는 가까이 있는 것을 가리킬 때
kia	저것, 저곳, 저분/저 사람	말하는 사람과 듣는 사람 모두에게 멀리 있는 것을 가리킬 때

★ 분류사

대부분의 명사는 고유한 분류사를 갖고 있으며, 분류사와 명사를 함께 사용하는 것이 일반적입니다. 우리말의 마리, 권, 척 등과 비슷하다고 생각하면 됩니다. 분류사는 là 서술어와 함께 사용됩니다.

생물		con	예 con mèo 고양이 con hổ 호랑이 con chim 새
무생물	일반 사물	cái	예 cái bút 펜 cái ghế 의자 cái giường 침대
		chiếc	예 chiếc xe ô tô 자동차 chiếc xe máy 오토바이 chiếc tủ lạnh 냉장고
	과일, 둥근 사물	quả	예 quả xoài 망고 quả táo 사과 quả bóng 공
	책류	quyển	예 quyển sách 책 quyển lịch 달력 quyển từ điển 사전
	종이류	tờ	예 tờ giấy 종이 tờ báo 신문
예외		con	예 con dao 칼 con sông 강 con đường 길(도로)

예 A: Kia là quả gì? 저것은 무엇(둥근 사물)입니까?
B: Kia là quả bóng. 저것은 공입니다.

왕초보 탈출 팁

con dao(칼), con sông(강) 등은 질문에서 일반적으로 con gì가 아닌 cái gì를 사용합니다.

예 A: Đây là cái gì?
이것이 무엇입니까?
B: Đây là con dao.
이것은 칼입니다.

MP3 05-03 들어 보기 MP3 05-04 회화 훈련

2

더이 라 차이 비아 파이 콩(ㅁ)

A Đây là chai bia phải không?

이것은 맥주입니까?

콩(ㅁ) 파이 더이 콩(ㅁ) 파이 라 짜이 비아

B Không phải. Đây không phải là chai bia. 아니요. 이것은 맥주가 아닙니다.

★ 무생물의 분류사

무생물의 분류사는 세분화되어 있으므로 잘 외워 두어야 합니다.

~장, 점(개)	bức	예 bức ảnh 사진 bức tranh 그림 bức tường 벽
~장(개)	tấm	예 tấm thảm 카펫 tấm ảnh 사진 tấm bản đồ 지도
~벌(세트, 한 쌍)	đôi	예 đôi giày 신발 đôi đũa 젓가락
~병	chai	예 chai sữa 우유 chai bia 맥주
~상자	hộp	예 hộp bánh 빵 hộp khăn giấy (뽑아 쓰는) 휴지

★ 숫자 읽기

0	không [콩(ㅁ)]	4	bốn [본]	8	tám [땀]
1	một [못]	5	năm [남]	9	chín [찐]
2	hai [하이]	6	sáu [싸우]	10	mười [므어이]
3	ba [바]	7	bảy [바이]		

⊕ 숫자 11~100 194쪽

공부한 내용을 확인해 보세요!

❶ 2 ________ sữa 우유 2병

❷ 5 ________ khăn giấy 휴지 5상자

왕초보 탈출 팁

명사가 수사와 함께 사용될 때는 분류사를 꼭 붙여야 하고, '수량 + 분류사 + 명사' 순서로 씁니다.

예 một cái bút chì 연필 한 개
hai con chó 개 두 마리
ba bức ảnh 사진 세 장

정답
① chai
② hộp

MP3 05-05 들어 보기 MP3 05-06 회화 훈련

3

까이 나이 라 까이 지
A **Cái này là cái gì?** 이것은 무엇입니까?

까이 나이 라 까이 반 바 까이 나이 라 까이 게
B **Cái này là cái bàn và cái này là cái ghế.** 이것은 책상과 의자입니다.

★ 지시형용사

지시대명사와 마찬가지로 지시형용사도 사람, 사물, 장소의 구별 없이 사용합니다.

이	này
저	kia
그	đó, ấy

★ 지시형용사의 쓰임

1. 분류사 + 지시형용사

주어	예 A: Cái này là cái gì? (= Đây là cái gì?) 이것은 무엇입니까? B: Cái này là cái bút. (= Đây là cái bút) 이것은 볼펜입니다.
목적어	예 Anh Jihun mua 2 quyển đó. 지훈 형/오빠는 그 책 두 권을 샀다.

2. 분류사 + 명사 + 지시형용사

주어	예 Cái bút này của chị Lan. 이 볼펜은 란 누나/언니의 것이다.
목적어	예 Em sẽ gửi 1 bức thư này cho bố mẹ em. 나는 부모님에게 편지 한 장을 보낼 것이다.

3. 명사 + 지시형용사 앞에 나온 명사를 반복하지 않고 대명사처럼 사용합니다.

예 A: Tôi đang đọc <Nỗi buồn chiến tranh>. 나는 〈전쟁의 슬픔〉을 읽고 있어.
B: Em cũng đang đọc quyển đó. 저 또한 그 책을 읽고 있어요.

단어

thư 편지
cho ~에게, ~을 위하여, 주다
bố 아버지
mẹ 어머니
bố mẹ 부모님

MP3 05-07 들어 보기 MP3 05-08 회화 훈련

4

아잉 꼬(ㅓ) 싸익 띠엥 비엣 콩(ㅁ)

A Anh có sách tiếng Việt không?

오빠는 베트남어 책을 가지고 있나요?

꼬(ㅓ) 또이 꼬(ㅓ) 못 꾸옌 싸익 띠엥 비엣

B Có. Tôi có 1 quyển sách tiếng Việt.

응. 나는 베트남어 책을 한 권 갖고 있어.

★ 소유와 존재의 có

1. 소유 명사와 함께 쓰여 '~을 가지고 있다', '~이 있다'의 의미를 나타냅니다.

긍정 주어 + có + 명사.

예 Anh ấy có 3 quyển sách. 그는 책 세 권을 갖고 있다.
Chị Lan có xe máy. 란 누나/언니는 오토바이를 갖고 있다.

부정 주어 + không có + 명사.

예 Anh ấy không có sách. 그는 책을 갖고 있지 않다.
Chị Lan không có xe máy. 란 누나/언니는 오토바이를 갖고 있지 않다.

질문 주어 + có + 명사 + không?

예 Anh có sách không? 오빠는 책을 갖고 있습니까?

2. 존재 위치를 나타내는 단어와 결합하여 '~에 …이 있다'의 의미로 사용됩니다.

Trên ~ có + 명사	~ 위에 …이 있다	예 Trên bàn có sách tiếng Việt. 책상 위에 베트남어 책이 있다.
Dưới ~ có + 명사	~ 아래에 …이 있다	예 Dưới ghế có 1 con mèo. 의자 아래 고양이 한 마리가 있다.
Bên cạnh ~ có + 명사	~ 옆에 …이 있다	예 Bên cạnh giường có tủ quần áo. 침대 옆에 옷장이 있다.
Giữa ~ và ~ có + 명사	~와 ~ 사이에 …가 있다	예 Giữa phòng khách và phòng ngủ có phòng bếp. 거실과 침실 사이에 부엌이 있다.

공부한 내용을 확인해 보세요!

❶ Tôi có 1 ________ từ điển. 나는 사전을 한 권 갖고 있어.

❷ ________ bán có cặp sách. 책상 아래에 가방이 있다.

단어

tiếng Việt 베트남어
xe máy 오토바이
tủ quần áo 옷장
phòng khách 거실
phòng ngủ 침실
phòng bếp 부엌
cặp sách 가방

정답

① quyển
② Dưới

도전! 실전 회화

MP3 05-09 들어 보기 MP3 05-10 회화 훈련

꼬 어이 까이 나이 라 까이 지

Cô ơi, cái này là cái gì?

아 까이 나이 라 까이 붓 찌

À[1], cái này là cái bút chì.

꼰(ㅓ) 꼰(ㅓ) 끼어 쫑(ㅓ) 띠엥 비엣 고(ㅓ)이 라 지

Còn con kia trong[2] tiếng Việt gọi là[3] gì?

꼰(ㅓ) 나이 쫑(ㅓ) 띠엥 비엣 고(ㅓ)이 라 꼰(ㅓ) 호

Con này trong tiếng Việt gọi là con hổ.

테 꽈 나이 쫑(ㅓ) 띠엥 비엣 고(ㅓ)이 라

Thế[4] quả này trong tiếng Việt gọi là

꽈 깜 파이 콩(ㅁ)

quả cam phải không?

콩(ㅁ) 파이 꽈 나이 쫑(ㅓ) 띠엥

Không phải, quả này trong tiếng

비엣 고(ㅓ)이 라 꽈 꾸잇

Việt gọi là quả quýt.

테 아 앰 깜 언 꼬 아

Thế ạ![5] Em cảm ơn cô ạ.

단어

bút chì 연필
gọi là ~라 부르다
(quả) cam 오렌지
sách 책
trong ~안, ~에서
(quả) quýt 귤
tiếng Việt 베트남어
(con) hổ 호랑이
thế ạ 그래요, 그렇군요

지성	선생님, 이것은 무엇인가요?
선생님	응, 이것은 연필이야. 그리고 저것은 베트남어 책이야.
지성	그리고 저것은 베트남어로 무엇이라고 부르나요?
선생님	이것은 베트남어로 '꼰(ㅓ) 호(호랑이)'라고 불러.
지성	그리고 이 과일은 베트남어로 '깜(오렌지)'이 맞지요?
선생님	아니, 이 과일은 베트남어로 '꾸잇(귤)'이라고 해.
지성	그렇군요! 감사합니다, 선생님.

회화 Tip

❶ 문장 앞에 사용되어 감탄을 나타내는 표현입니다.

❷ 명사 앞에 사용되어 '~에서', '~ 안'을 나타내는 표현입니다.

❸ gọi [고(ㅓ)이](부르다)와 là 서술어가 결합된 표현으로 '~이라 부르다'의 의미입니다.

❹ 문장 앞에 위치하여 앞의 내용을 받아 다음 이야기를 이어갈 때 사용하며 '그러면', '그렇다면'으로 해석합니다.

❺ 놀람을 나타내거나 몰랐던 사실을 알게 되었을 때, 상대방의 말에 동조하거나 되묻는 상황에서 사용됩니다. '그렇군요', '그래요', 그렇습니까'로 해석합니다. 친구 사이나 일반적 상황에서는 ạ가 아닌 à를 사용한 thế à로 표현합니다.

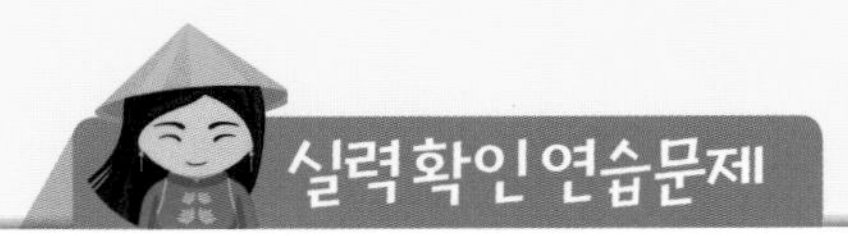

1 빈칸에 들어갈 말을 적고, 소리 내어 말해 보세요.

1 그것은 망고(xoài)입니다.

➔ ______________________________

2 나는 볼펜 5개를 갖고 있다.

➔ ______________________________

3 책상 옆에 가방(cặp sách)이 있다.

➔ ______________________________

2 빈칸에 들어갈 알맞은 말을 고르세요.

1 A: Đây là ______ gì? 이것은 무엇(책)입니까?

B: Đây là ______ tiểu thuyết Việt Nam. 이것은 베트남 소설책입니다.

*tiểu thuyết 소설

① quả ② con ③ chai ④ quyển

2 A: ______ ______ là cái xe đạp phải không?

이것은 자전거가 맞습니까?

B: Dạ không phải. 아니요.

*xe đạp 자전거

① con này ② cái này ③ tờ này ④ chai này

3 A: Chị ______ máy tính ______ 누나/언니는 노트북이 있나요?

B: Có, tôi có 1 cái. 응, 나는 하나가 있어.

*máy tính 노트북, 계산기

① có - không ② có - phải ③ có - gì ④ có - nào

정답 **1** 1. Đó là quả xoài. 2. Tôi có 5(năm) cái bút. 3. Bên cạnh bàn có cặp sách.
2 1. ④ 2. ② 3. ①

베트남 여행지 ❸
호찌밍, 푸 꾸옥

호찌밍(Hồ Chí Minh)은 베트남에서 가장 큰 도시입니다. 1976년 베트남이 통일된 후 근교의 자 딩(Gia Định)과 합쳐졌으며, 북베트남 초대 주석인 호찌밍(胡志明)의 이름을 따서 기존의 사이곤(Sài Gòn)에서 호찌밍으로 도시 이름을 변경하였습니다. 19세기에 프랑스의 도시계획으로 근대 도시가 된 후 경제의 중심지로 발전해 오고 있습니다.

호찌밍과 함께 베트남 남부에 위치한 푸 꾸옥(Phu Quốc)은 베트남에서 가장 큰 섬이자 유명한 관광지입니다. 과거 프랑스 식민지 시기와 베트남 전쟁 시기에는 정치범 수용소가 있었으나 현재는 전시관으로 운영되고 있습니다. 베트남 생선 소스인 느억 맘(nước mắm)이 가장 많이 생산되는 지역으로, 바다에서 바다거북이와 바다소의 일종인 해양 포유류 듀공(dugong)을 볼 수 있는 곳으로도 유명합니다.

Ngày 06

Quyển sách này hay quá.

이 책은 매우 재미있습니다.

월 일

MP3와 강의를 들어 보세요

동영상 강의

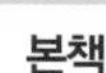

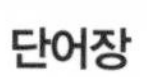

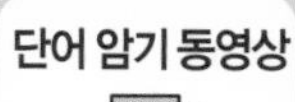

핵심 문장 익히기

MP3 06-01 들어 보기 MP3 06-02 회화 훈련

1

A 꾸옌 싸익 나이 하이 꽈
Quyển sách này hay quá. 이 책은 매우 재미있다.

B 꾸옌 싸익 나이 콩(ㅁ) 하이
Quyển sách này không hay. 이 책은 재미없다.

★ 형용사

서술어 없이 주어 다음에 바로 위치하며, 형용사가 서술어 역할을 합니다.

긍정 주어 + 형용사.

예 Phòng này sạch. 이 방은 깨끗하다.
Phim này thú vị. 이 영화는 재미있다.

부정 주어 + không + 형용사.

예 Phòng này không sạch. 이 방은 깨끗하지 않다.
Phim này không thú vị. 이 영화는 재미없다.

★ 정도 부사

형용사를 강조하기 위에 그 앞이나 뒤에 위치하며, 종류와 의미는 다음과 같습니다.

매우	rất + 형용사	예 Phim này rất hay. 이 영화는 매우 재미있다.
	형용사 + lắm/quá	예 Phim này hay lắm/quá. 이 영화는 매우 재미있다.
꽤	khá + 형용사	예 Phim này khá hay. 이 영화는 꽤 재미있다.
약간	hơi+ 형용사	예 Phim này hơi hay. 이 영화는 약간 재미있다.
별로 ~ 없는	không + 형용사 + lắm	예 Phim này không hay lắm. 이 영화는 별로 재미없다.
매우 ~ 없는	rất + không + 형용사	예 Phim này rất không hay. 이 영화는 매우 재미없다.

공부한 내용을 확인해 보세요!

❶ Chị ấy ________ đẹp. 그녀는 매우 아름답다.

❷ Phòng này ________ nhỏ. 이 방은 약간 작다.

❸ Quyển sách kia ________ hay. 저 책은 꽤 재미있다.

왕초보 탈출 팁

quá가 형용사 앞에 사용되면 정도나 한계가 지나침의 의미로 사용됩니다.

예 Phim này quá chán.
이 영화는 매우 지루하다.

단어

hay 재미있는, 자주, (선택의문문) ~이거나
sạch 깨끗한
thú vị 흥미로운
chán 지루한
đẹp 아름다운
nhỏ 작은

정답

① rất
② hơi
③ khá

MP3 06-03 들어 보기 MP3 06-04 회화 훈련

2

꾸옌 싸익 나이 꼬(ㅓ) 하이 콩(ㅁ)

A Quyển sách này có hay không?

이 책은 재미있나요?

꼬(ㅓ) 꾸옌 싸익 나이 젓 하이

B Có. Quyển sách này rất hay.

네. 이 책은 매우 재미있어요.

★ có ~ không?

'~합니까?'라는 의미의 형용사 의문문으로, 형용사 앞의 có는 생략할 수 있습니다. 긍정의 대답에는 có를, 부정의 대답에는 không을 사용하며 정도 부사를 활용하여 대답할 수 있습니다.

질문 주어 + có + 형용사 + không?

예 Quả cam này có tươi không? 이 오렌지는 싱싱한가요?

긍정 Có. 주어 + 형용사.

예 Có. Quả cam này tươi lắm. 네. 이 오렌지는 매우 싱싱해요.

부정 Không. 주어 + không + 형용사.

예 Không. Quả cam này không tươi. 아니요. 이 오렌지는 싱싱하지 않아요.

단어

tươi 싱싱한, 신선한
mệt 피곤한
món ăn 음식
cay 매운

공부한 내용을 확인해 보세요!

❶ A: Chị ________ mệt ________? 누나/언니는 피곤해요?
B: Có. Tôi ________ mệt. 응. 나는 약간 피곤해.

❷ A: Món ăn này ________ cay ________? 이 음식은 매운가요?
B: Không. Món ăn này ________ cay ________.
아니요. 이 음식은 별로 맵지 않아요.

정답

① có, không, hơi
② có, không, không, lắm

MP3 06-05 들어 보기 MP3 06-06 회화 훈련

3

꾸옌 싸익 나이 테 나오
A Quyển sách này thế nào? 이 책은 어떤가요?

꾸옌 싸익 나이 젓 하이
B Quyển sách này rất hay. 이 책은 매우 재미있어요.

★ thế nào

문장 끝에 위치하여 사람이나 사물의 상태, 성질, 성격을 묻기 위해 사용되며 '어때요?', '어떠합니까?' 등으로 해석됩니다. thế nào 자리에 형용사를 넣어 대답하면 됩니다.

질문 주어 + thế nào?

예 Cô ấy thế nào? 그녀는 어떤가요? (= 어떤 사람인가요?)

대답 주어 + 형용사.

예 Cô ấy xinh và thông minh. 그녀는 예쁘고 똑똑해요.

질문 주어 + 동사 + (목적어) + thế nào?

예 Anh ấy nói tiếng Việt thế nào? 그의 베트남어 말하기는 어때요?

대답 주어 + 동사 + 형용사.

예 Anh ấy nói tiếng Việt rất giỏi. 그는 베트남어 말하기를 매우 잘해요.

→ thế nào의 다른 용법 198쪽

단어

xinh 예쁜
và 그리고
thông minh 총명한, 똑똑한
nói 말하다
giỏi 잘하는

❶ Áo này ________ ________? 이 옷은 어떤가요?

❷ Món ăn Hàn Quốc ________ ________? 한국 음식은 어때요?

① thế nào
② thế nào

MP3 06-07 들어 보기 MP3 06-08 회화 훈련

4

꾸옌 싸익 나이 꾸어 아이

A Quyển sách này của ai? 이 책은 누구의 것입니까?

꾸옌 싸익 나이 꾸어 꼬 란

B Quyển sách này của cô Lan.

이 책은 란 선생님 것입니다.

★ ai

'누구'라는 뜻의 의문사로 문장 앞 주어 자리에 위치하면 '누가', 문장 마지막 목적어 자리에 위치하면 '누구를'로 해석합니다. 소유를 나타내는 của와 함께 쓰여서 '누구의'라는 뜻으로 쓰이기도 합니다. 대답할 때는 의문사 자리에 해당하는 사람을 넣어 대답하면 됩니다.

주어	질문 Ai + 동사/형용사? 예 Ai tìm sách này? 누가 이 책을 찾니?
	대답 대상 + 동사/형용사. 예 Em Tuấn tìm sách này. 뚜언이 이 책을 찾아요.
목적어	질문 주어 + 동사 + ai? 예 Ngày mai chị gặp ai? 내일 누나/언니는 누구를 만나요?
	대답 주어 + 동사 + 대상. 예 Ngày mai tôi gặp thầy Nam. 내일 나는 남 선생님을 만나.
소유자	질문 명사 + của ai? 예 Quyển sách này của ai? 이 책은 누구의 것입니까?
	대답 명사 + của + 소유자. 예 Quyển sách này của cô Ngọc. 이 책은 응옥 선생님의 것입니다.

★ của

명사 앞에 위치하여 소유를 나타내며 '~의', '~의 것'으로 해석합니다. 예를 들어 A của B라고 하면 'B의 A'라는 뜻이 됩니다. 관계가 확실하거나 누구나 알 수 있는 소속, 소유 등을 나타낼 때는 của를 생략하기도 합니다.

예 quyển sách của chị Mai 마이 누나/언니의 책
bố (của) tôi 나의 아버지

tìm 찾다
mua 사다

MP3 06-09 들어 보기　MP3 06-10 회화 훈련

반 당 안 꽈 써우 지엥 아

Bạn đang ăn quả sầu riêng à[1]?

으 밍 당 안 써우 지엥

Ừ, mình đang ăn sầu riêng.

꽈 나이 찌 호아 무아 쪼(ㅓ) 밍

Quả này chị Hoa mua cho[2] mình.

무이 라 니 꼬(ㅓ) 응온 콩(ㅁ)

Mùi lạ nhỉ. Có ngon không?

꼬(ㅓ) 써우 지엥 무이 허이 코(ㅓ) 찌우

Có. Sầu riêng mùi hơi khó chịu

니응 젓 응온

nhưng[3] rất ngon.

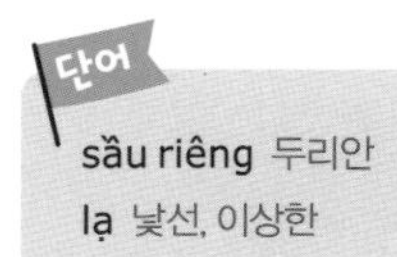

sầu riêng 두리안
lạ 낯선, 이상한
mùi 냄새
khó chịu 참기 힘든
cho ~에게, ~을 위하여, 주다

지성	너는 두리안 먹고 있는 거지?
링	응, 나는 두리안을 먹고 있어.
	이 과일은 호아 언니가 나에게 사 준 거야.
지성	냄새가 특이하다. 맛있어?
링	응. 두리안은 냄새를 참기가 약간 어렵지만 매우 맛있어.

회화 Tip

❶ 문장 마지막에 위치하여 의문문을 만들 때 사용합니다. '~ phải không?'과 '~ đúng không?'으로 대체할 수 있으며, 회화에서 가장 많이 사용되는 표현입니다.

❷ '~에게', '~하기 위해', '주다' 등 다양한 의미로 쓰이지만, 여기서는 명사 앞에 붙여서 '~에게'라는 뜻으로 쓰였습니다.

예 Tôi sẽ gọi cho anh Tuấn.
나는 뚜언 형/오빠에게 전화를 할 것이다.

→ cho의 용법 199쪽

❸ '그러나', '하지만'의 의미로 앞의 내용과 반대되는 내용이 나올 때 사용합니다. 또한 대립되는 의미의 앞 문장과 연결하기 위해 문장 앞에 사용하기도 합니다.

실력확인 연습문제

1 빈칸에 들어갈 말을 적고, 소리 내어 말해 보세요.

1 저 고양이는 매우 작다.

➔ ______________________________

2 이 책은 남 선생님의 것이다.

➔ ______________________________

3 〈도리를 찾아서(Đi tìm Dory)〉는 꽤 재미있다.

➔ ______________________________

2 빈칸에 들어갈 알맞은 말을 고르세요.

1 A: Công ti ABC ________? ABC회사는 어때요?

B: Công ti ABC rất tốt. ABC회사는 매우 좋아요.

① nào ② làm gì ③ với ai ④ thế nào

2 A: Món ăn này có cay không? 이 음식은 매운가요?

B: Không. Món ăn này ________ cay ________.

아니. 이 음식은 많이 맵지 않아.

① không - lắm ② không - nào ③ không - ai ④ không - có

3 A: Hôm qua em gặp ________? 어제 너는 누구를 만났어?

B: Hôm qua em gặp thầy Lee. 어제 나는 이 선생님을 만났어.

① gì ② nào ③ ai ④ không

정답 1 1. Con mèo kia rất nhỏ. 2. Sách này của thầy Nam. 3. <Đi tìm Dory> khá hay/thú vị.
2 1. ④ 2. ① 3. ③

베트남의 거리 이름

베트남의 거리 이름은 대부분 베트남 역사 속 위인이나 역사적 사건의 이름을 따서 지어졌습니다. 쩐 흥 다오(Trần Hưng Đạo) 거리는 원나라를 3번 물리친 베트남의 유명한 영웅의 이름을 딴 거리이며, 하이 바 쯩(Hai Bà Trưng)은 베트남 북속 시기에 중국에 대항한 쯩자매의 이름을 딴 거리입니다. 또한 까익 망 탕 땀(Cách mạng tháng Tám, 8월 혁명)은 베트남 근현대사의 중요한 사건인 8월 혁명을 기리기 위해 지어진 거리 이름입니다. 이외에도 베트남 문자를 만든 공이 있는 프랑스 선교사 알렉산드르 드 로드(Alexandre de Rhodes)의 이름을 딴 거리도 있습니다.

또 다른 특징은 도시마다 같은 거리 이름이 있다는 것입니다. 예를 들면 하노이와 다낭, 호찌밍에 모두 쩐 흥 다오와 하이 바 쯩 거리가 있습니다. 또한 거리 이름 표지판에는 그 이름에 관련된 인물과 사건에 대한 설명이 있어서 간략하게 베트남의 역사를 알 수 있습니다.

Tôi học tiếng Việt.

나는 베트남어를 공부합니다.

월 일

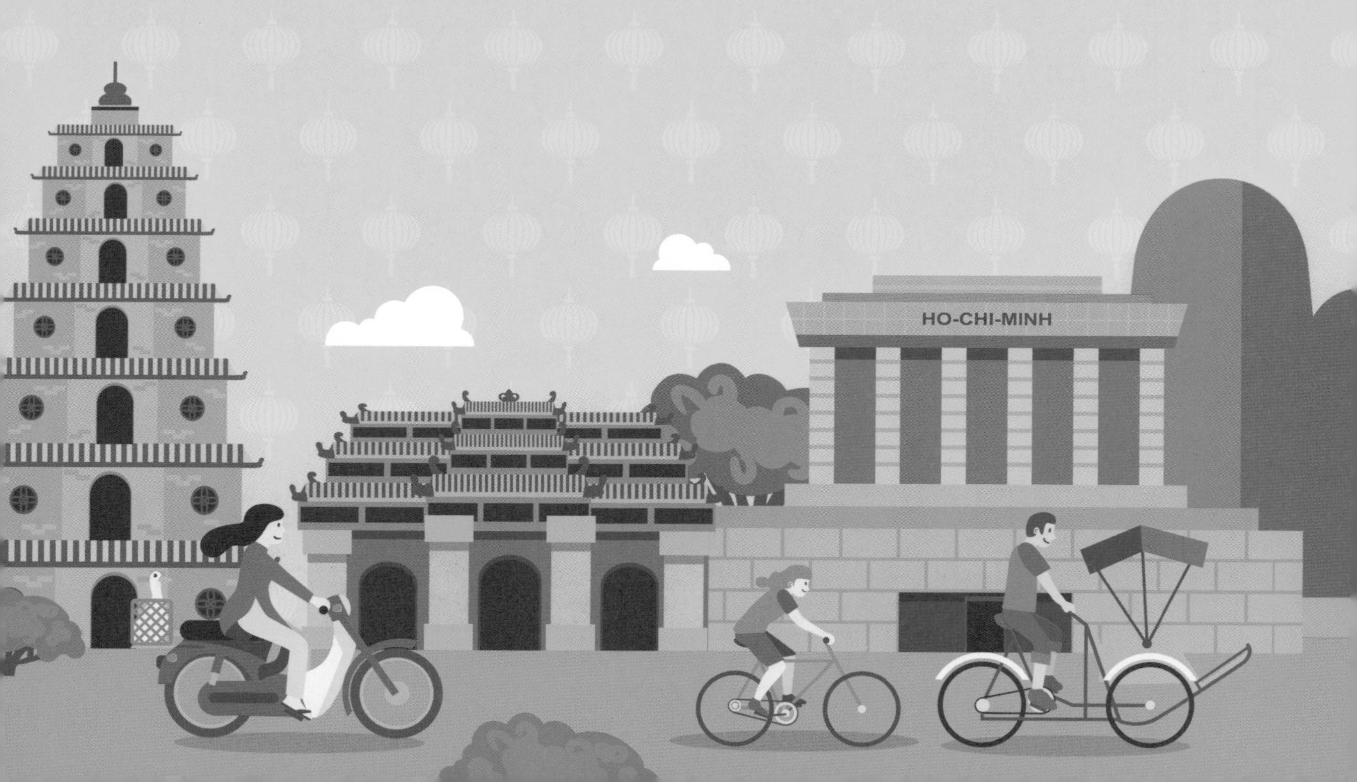

MP3와 강의를 들어 보세요

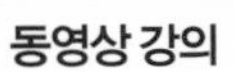
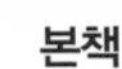
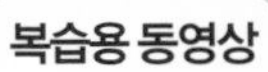

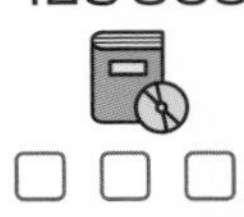

동영상 강의 □□□ / 본책 □□□ / 복습용 동영상 □□□

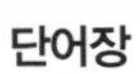

단어장 □□□ / 단어 암기 동영상 □□□

핵심 문장 익히기

MP3 07-01 들어 보기　MP3 07-02 회화 훈련

1

A Anh Kim học tiếng Việt.

김 형은 베트남어를 공부해.

B Anh Kim không học tiếng Việt.

김 오빠는 베트남어를 공부하지 않아.

★ 동사

베트남어는 '주어 + 동사 + 목적어'의 어순으로, 한국어와는 어순이 다릅니다. 동사는 인칭대명사의 수나 격에 따라 변하지 않습니다.

긍정 주어 + 동사.

예 Tôi đi học. 나는 공부하러 간다.
　Em đã gặp cô Mai. 나는 마이 선생님을 만났다

부정 주어 + không + 동사.

예 Tôi không đi học. 나는 공부하러 가지 않는다.
　Em không gặp cô Mai. 나는 마이 선생님을 만나지 않았다.

공부한 내용을 확인해 보세요!

❶ 나는 음악(nhạc)을 듣는다(nghe).
→Tôi ________ ________.

❷ 그는 밥(cơm)을 먹는다(ăn).
→Anh ấy ________ ________.

왕초보 탈출 팁

동사가 두 개 이상 같이 쓰여도 연결사 없이 사용됩니다.

예 đi học 공부하러 가다
　= đi(가다) + học(공부하다)
　đi gặp 만나러 가다
　= đi(가다) + gặp(만나다)

단어

học 공부하다
tiếng Việt 베트남어
nhạc 음악

정답

① nghe nhạc
② ăn cơm

MP3 07-03 들어 보기 MP3 07-04 회화 훈련

2

A **Anh có học tiếng Pháp không?**

오빠는 프랑스어를 공부하나요?

B **Không. Tôi học tiếng Việt chứ không học tiếng Pháp.**

아니. 나는 베트남어를 공부하는 것이지 프랑스어를 공부하는 게 아니야.

★ có ~ không?

사실과 상대방의 의견을 물을 때 사용하며 동사 앞의 có는 생략할 수 있습니다. 긍정의 대답에는 có를, 부정의 대답에는 không을 사용합니다.

질문 주어 (+ có) + 동사 + không?

예 Chị (có) mua từ điển Việt-Hàn không? 언니/누나는 베-한 사전을 사나요?

긍정 Có. 주어 + 동사.

예 Có. Tôi mua từ điển Việt-Hàn. 응. 나는 베-한 사전을 사.

부정 Không. 주어 + không + 동사.

예 Không. Tôi không mua từ điển Việt-Hàn. 아니. 나는 베-한 사전을 사지 않아.

★ ~ chứ không ...

동사 혹은 là 서술어와 함께 사용합니다. 뒤의 구문을 부정하여 앞의 구문이 확실함을 강조하는 표현으로 '~이지 …가 아니다'로 해석합니다.

~ chứ không phải là …	예 Anh Nam là kĩ sư chứ không phải là luật sư. 남 형/오빠는 엔지니어지 변호사가 아니다.
~ chứ không phải + 동사 …	예 Tôi học tiếng Hàn chứ không phải học tiếng Anh. 나는 한국어를 공부하는 것이지 영어를 공부하는 것이 아니다.

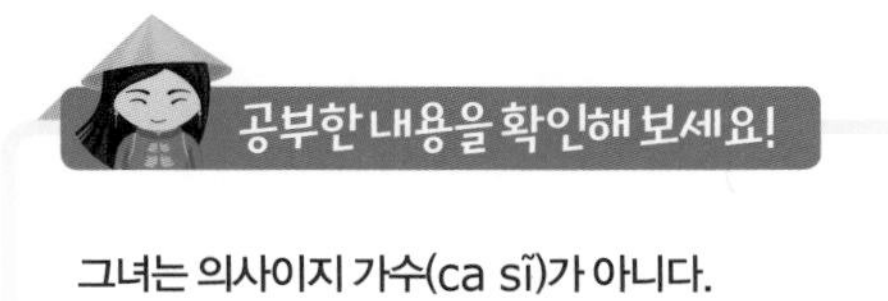

그녀는 의사이지 가수(ca sĩ)가 아니다.

→ ____________________

tiếng Pháp 프랑스어
từ điển 사전
ca sĩ 가수

Chị ấy là bác sĩ chứ không phải là ca sĩ.

MP3 07-05 들어 보기 MP3 07-06 회화 훈련

3

A Chị đã ăn phở chưa? 누나는 쌀국수를 먹었어요?

B Rồi. Chị ăn phở rồi. 응. 나는 먹었어.

★ đã ~ chưa?

어떠한 행위나 사건이 일어났는지 아직 일어나지 않았는지의 여부를 묻는 표현입니다. 과거시제인 đã와 chưa(아직)가 결합된 형태로, 긍정의 대답에는 rồi를 부정의 대답에는 chưa 를 사용합니다.

질문 주어 + đã + 동사 + chưa?

예 Anh đã xem phim <Tấm Cám: Chuyện chưa kể> chưa?
형/오빠는 〈떰깜: 끝나지 않은 이야기〉를 봤나요?

긍정 Rồi. 주어 + 동사 + rồi.

예 Rồi. Tôi đã xem rồi. 응. 나는 봤어.

부정 Chưa. 주어 + chưa + 동사.

예 Chưa. Tôi chưa xem. 아직. 나는 아직 안 봤어.

★ 행위의 완료 말하기

'주어 + đã + 동사 + rồi'는 이미 일어난 사건에 대해 말할 때 사용됩니다. đã와 rồi는 둘 다 써도 되고 둘 중 하나를 생략하고 써도 됩니다. 반대로 어떤 사건이 아직 일어나지 않았다고 말하려면 '주어 + chưa + 동사'라고 하면 됩니다.

긍정 주어 + đã + 동사 + rồi.

예 Tôi đã xem phim <Tấm Cám: Chuyện chưa kể> rồi.
= Tôi đã xem phim <Tấm Cám: Chuyện chưa kể>.
= Tôi xem phim <Tấm Cám: Chuyện chưa kể> rồi.
나는 〈떰깜: 끝나지 않은 이야기〉를 봤다.

부정 주어 + chưa + 동사.

예 Tôi chưa xem phim <Tấm Cám: Chuyện chưa kể>.
나는 아직 〈떰깜: 끝나지 않은 이야기〉를 보지 않았다.

공부한 내용을 확인해 보세요!

Chị ________ viết bài ________? 누나/언니는 리포트를 썼나요?

왕초보 탈출 팁

베트남어에서는 2인칭을 tôi 대신 1인칭처럼 사용하기도 합니다.

예 Chị đã gặp thầy An.
나는 안 선생님을 만났다.
Anh chưa ăn cơm.
나는 아직 밥을 먹지 않았다.

단어

viết 쓰다
bài 숙제, 리포트, 단원

정답
đã, chưa

MP3 07-07 들어 보기 MP3 07-08 회화 훈련

4

A Cô Mai dạy tiếng Việt ở đâu?
마이 선생님은 어디에서 베트남어를 가르치나요?

B Cô Mai dạy tiếng Việt ở trung tâm ngoại ngữ.
마이 선생님은 외국어학원에서 베트남어를 가르칩니다.

★ đâu

장소에 대해 묻는 표현으로 '어디'의 의미입니다. ở(~에, ~에서)와 결합한 ở đâu 형태와 방향 동사인 đi(가다)와 결합한 đi đâu의 형태가 사용됩니다.

질문 주어 + ở đâu?
대답 주어 + ở + 장소.

예 A: Thầy Hùng đang ở đâu? 훙 선생님은 어디에 계신가요?
B: Thầy Hùng đang ở phòng họp. 훙 선생님은 회의실에 계십니다.

질문 주어 + 동사 + ở đâu?
대답 주어 + 동사 + ở + 장소.

예 A: Em thường mua sách ở đâu? 너는 보통 어디에서 책을 사니?
B: Em thường mua sách ở hiệu sách. 저는 보통 서점에서 책을 사요.

질문 주어 + đi đâu?
대답 주어 đi + 장소.
주어 đi + 동사(목적).

예 A: Bây giờ chị đi đâu? 지금 누나/언니는 어디 가세요?
B: Bây giờ tôi đi thư viện. 지금 나는 도서관에 가.
A: Cậu đang đi đâu? 너는 어디 가고 있어?
B: Tớ đang đi ăn cơm. 나는 밥 먹으러 가고 있어.

공부한 내용을 확인해 보세요!

① A: Cậu sống ________ ________? 너는 어디에 살아?
B: Tớ sống ________ quận Mỹ Đình. 나는 미딩군에 살아.

② A: Em ________ ________? 너는 어디 가니?
B: Em ________ bệnh viện. 저는 병원에 가요.

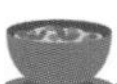

왕초보 탈출 팁

ở가 전치사로 사용된 경우에는 뒤에 장소를 나타내는 단어와 함께 사용하며, 동사로 사용된 경우에는 '~에 있다', '~에 살다'의 의미를 나타냅니다.

예 Chị Mai sống ở Hà Nội.
마이 누나/언니는 하노이에 산다.
Tôi đang ở kí túc xá.
나는 기숙사에 있다.

단어

dạy 가르치다
trung tâm 센터, 학원
ngoại ngữ 외국어
phòng họp 회의실
hiệu sách 서점
thư viện 도서관
sống 살다
kí túc xá 기숙사
quận 군(행정단위)

정답
① ở đâu, ở
② đi đâu, đi

도전! 실전 회화

MP3 07-09 들어 보기 MP3 07-10 회화 훈련

Em đã ăn cơm chưa?

Chưa, em đói quá.

Em có muốn đi ăn phở không?

Không. Em không thích phở.

Thế[1] bún chả thì sao?[2]

Bún chả ngon không?

Ngon lắm.
Người Hàn Quốc rất thích bún chả.

Dạ, thế thì[3] chúng ta đi ăn bún chả đi[4].

단어

ăn 먹다	cơm 밥	đói 배고프다
muốn 원하다	thích 좋아하다	ngon 맛있는

호아	밥 먹었어?
지성	아니요. 매우 배고파요.
호아	쌀국수 먹으러 갈래?
지성	아니요. 저는 쌀국수를 안 좋아해요.
호아	그럼 분짜는 어때?
지성	분짜는 맛있어요?
호아	매우 맛있어. 한국 사람들은 분짜를 매우 좋아해.
지성	네. 그럼 우리 분짜 먹으러 가요.

회화 Tip

❶ 앞에서 말한 내용을 지칭하며 앞 문장과 연결하기 위해 사용합니다.

❷ 문장 끝에 위치하여 '~는 어때(요)?'의 의미로 무언가를 제안할 때 사용합니다.

❸ 문장 앞에 위치하여 앞의 내용과 연결하기 위해 사용하며 '그러면', '그렇다면'의 의미입니다.

❹ 문장 마지막의 đi는 '~해라', '~하자'의 의미로 제안 또는 가벼운 명령을 나타냅니다. 'hãy ~ đi', 'hãy ~'로도 사용되며, 이때 hãy는 동사 앞에 위치하고 đi는 문장 마지막에 위치합니다.

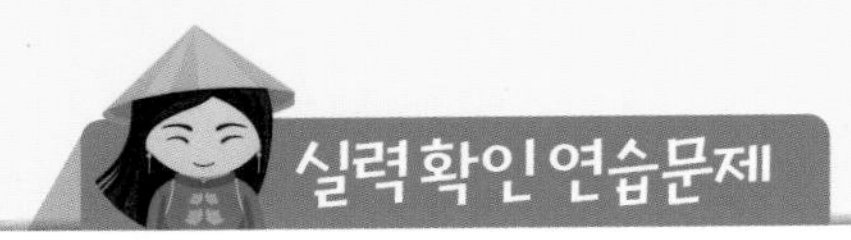

1 **빈칸에 들어갈 말을 적고, 소리 내어 말해 보세요.**

1 Minh은 한국어를 공부한다.

➔ ______________________________

2 나는 도서관에 간다.

➔ ______________________________

3 그녀의 이름은 Hồng이지 Lan이 아니다.

➔ ______________________________

2 **빈칸에 들어갈 알맞은 말을 고르세요.**

1 A: Anh mua sách ________? 형/오빠는 책을 어디에서 사요?

B: Tôi mua sách ở hiệu sách. 나는 책을 서점에서 사.

① đâu ② ở đâu ③ có đâu ④ là đâu

2 A: Cậu ________ gặp thầy Hùng ________? 너는 홍 선생님을 만났니?

B: Chưa, ngày mai tớ gặp thầy Hùng. 아니, 나는 내일 홍 선생님을 만날 거야.

① đã - không ② có - chưa ③ có - nào ④ đã - chưa

3 A: Chị ________? 누나/언니는 어디에 가세요?

B: Tôi đi siêu thị. 나는 슈퍼에 가.

*siêu thị 슈퍼마켓

① ở đâu ② có đâu ③ đi đâu ④ đi không

베트남의 축제

남북으로 긴 베트남은 54개의 서로 다른 민족이 함께 어우러져 살아가는 국가로, 다양한 민족이 함께하는 만큼 다채로운 축제가 발달하였습니다. 다양한 베트남의 축제 중 가장 독특하면서도 상징성을 지닌 축제는 호이 림(Hội Lim, 림 축제)입니다. 이 축제는 매년 음력 1월 12일에서 14일까지 수도 하노이 북쪽에 위치한 박 닝(Bắc Ninh) 지역에서 열립니다. 18세기 무렵 시작됐다고 알려진 호이 림은 전통 민요 꽌 호(Quan Họ)를 지키고 보존하는 데 큰 공헌을 한 축제의 창시자 응웬 딩 지엔(Nguyễn Đình Diễn)을 기리는 제사로 시작됩니다. 그 후에 꽌 호의 계승자들이 오래도록 갈고 닦은 기량을 뽐내는데, 남녀로 나뉜 노래 패가 사원과 언덕 등지에서 꽌 호를 서로 주고받습니다. 또한 박 닝 딩 반(Đình Bản) 마을의 도(Đô) 사원 앞 호수에 용머리 모양 배를 띄우고 배에 오른 남녀가 꽌 호를 주고받는데, 이 행사는 축제의 백미로 손꼽힙니다. 꽌 호 공연 외에도 씨름, 닭싸움, 대나무 그네뛰기 등의 민속놀이도 열려 신년 축제의 흥을 더하고 있습니다. 전통민요 꽌 호는 2009년 유네스코 인류무형문화유산에 등재되었습니다.

HO-CHI-MINH

Ngày 08

중간 점검 복습 문제

복습 문제 풀기

1 빈칸에 들어갈 말을 고르세요.

1

A: Ông ấy tên ________ Hùng ________?

B: Dạ phải.

① có – không ② đâu – không ③ có là – không ④ là – phải không

2

A: Xin lỗi, chị là người nước nào?

B: ____________________.

① Tôi là Việt ② Tôi là Việt Nam ③ Tôi nói tiếng Việt ④ Tôi là người Việt Nam

3

A: ____________________?

B: Vâng, chúng tôi là người Mĩ.

① Anh là người Mĩ phải không ② Các anh có là người Mĩ không
③ Các anh có phải là người Mĩ không ④ Chúng anh có phải là người Mĩ không

4

Mitsuki là người Nhật. Hiroko______ là người Nhật.

① có ② đều ③ vẫn ④ cũng

5

A: ____________________?

B: Không, anh ấy không đi làm. Anh ấy đi đá bóng.

① Anh Hùng làm nghề gì ② Anh Hùng có đi làm không
③ Anh Hùng là người nước nào ④ Anh Hùng có phải là đi làm không

2 예 와 같이 대화를 완성하세요.

예

이름(Tên)	직업(Nghề nghiệp)
Nam	kiến trúc sư
Jisu	giáo viên

*kiến trúc sư 건축가

Anh Nam: Chào chị, tôi là Nam. Xin lỗi, chị tên là gì?

Chị Jisu: Chào anh, tôi tên là Jisu. Anh Nam làm nghề gì?

Anh Nam: Tôi là kiến trúc sư, còn chị, chị làm gì?

Chị Jisu: Tôi là giáo viên.

1

이름(Tên)	직업(Nghề nghiệp)
Jihun	ca sĩ
Trang	sinh viên

Anh Jihun: ______________________________

Chị Trang: ______________________________

Anh Jihun: ______________________________

Chị Trang: ______________________________

2

이름(Tên)	직업(Nghề nghiệp)
Tuấn	giáo sư
Jihee	luật sư

Anh Tuấn: ______________________________

Chị Jihee: ______________________________

Anh Tuấn: ______________________________

Chị Jihee: ______________________________

복습 문제 풀기

MP3 08-01

3 문장을 듣고 빈칸에 알맞은 단어를 넣으세요.

3~5번 문제 듣기

1 A: __________ chị. Chị __________ khoẻ __________?

B: Chào em. Tôi khoẻ, __________ em?

A: Cảm ơn chị. Em __________ khoẻ.

2 A: Chào anh, rất vui __________ __________ anh.

B: Tôi __________ rất __________ __________ __________ em.

MP3 08-02

4 다음을 듣고 빈칸에 알맞은 단어를 넣으세요.

1 Con mèo ấy __________.

2 Cái bánh này __________.

3 Cái xe đạp kia __________.

4 Quyển từ điển đó __________.

5 Cái đồng hồ này __________.

6 Quả cam kia __________.

7 Cái điện thoại đó __________.

8 Cái túi ấy __________.

9 Cái bút này __________.

10 Con chó kia __________.

MP3 08-03

5 다음을 듣고 빈칸에 알맞은 표현을 넣으세요.

Jihun: Cô ơi, đây là 1 __________ __________?

Hoa: Đây là cái bút.

Jihun: Cái bút này 2 __________ __________?

Hoa: Cái bút này 3 __________.

Còn kia là 4 __________ __________, phải không?

Jihun: Đúng rồi. Thế, cái đó tiếng Việt gọi là gì?

Hoa: Cái đó tiếng Việt gọi là 5 __________ __________ __________.

Jihun: Quyển từ điển đó có 6 __________ không?

Hoa: Có, nó dày và rất tốt.

6-7 다음을 읽고 질문에 답하세요.

Chào các bạn, tôi tên là Bob. Tôi là người Mĩ. Tôi biết nói tiếng Anh, tiếng Đức và một ít tiếng Việt. Bạn tôi tên là Jisung. Anh ấy là người Hàn Quốc. Anh ấy không biết nói tiếng Đức nhưng nói tiếng Pháp rất giỏi. Hiện nay, chúng tôi đang học tiếng Việt tại Đại học Quốc gia Hà Nội. Chúng tôi nghĩ rằng tiếng Việt khó nhưng rất thú vị. Chúng tôi sẽ cố gắng học tiếng Việt giỏi để hiểu về văn hoá và con người Việt Nam.

6 다음 질문에 답하세요.

1 Bob là người nước nào?

____

2 Bob biết nói tiếng gì?

____

3 Jisung cũng là người Mĩ, phải không?

____

4 Jisung có biết nói tiếng Đức không?

____

5 Họ nghĩ rằng tiếng Việt thú vị, phải không?

____

7 다음 문장을 읽고 위의 글과 비교한 후 해당하는 것에 ✓ 표시를 하세요.

	Câu	Đúng	Sai
1	Jisung là bạn của Bob.		
2	Bob nói tiếng Việt rất giỏi.		
3	Jisung và Boa đều là người Mĩ.		
4	Jisung không biết nói tiếng Đức.		
5	Họ học tiếng Việt để làm việc ở Việt Nam.		

Hôm nay là ngày bao nhiêu?

오늘이 며칠이죠?

월 일

MP3와 강의를 들어 보세요

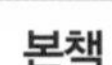
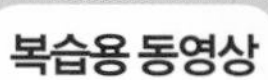

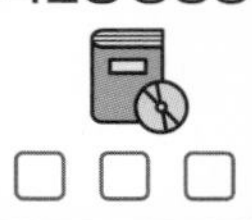

동영상 강의

본책

복습용 동영상

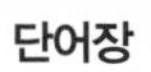
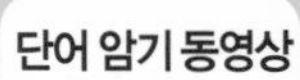

단어장

단어 암기 동영상

핵심 문장 익히기

MP3 09-01 들어 보기 MP3 09-02 회화 훈련

1

A Hôm nay là ngày bao nhiêu?

오늘이 며칠이죠?

B Hôm nay là ngày 13. 오늘은 13일입니다.

★ 날짜 묻고 답하기

날짜를 물어볼 때는 숫자 의문사 mấy와 bao nhiêu(몇, 얼마)를 사용합니다. mấy는 10 이하의 수를 말할 때 사용하며, bao nhiêu는 11 이상의 수를 말할 때 주로 사용됩니다.

10일 이하	질문 ~ là ngày (mồng) mấy?
	예 Hôm nay là ngày mồng mấy? 오늘이 며칠입니까?
	대답 ~ là ngày (mồng) 숫자.
	예 Hôm nay là ngày mồng 6. 오늘은 6일입니다.
11일 이상	질문 ~ là ngày bao nhiêu?
	예 Ngày kia là ngày bao nhiêu? 모레는 며칠입니까?
	대답 ~ là ngày 숫자.
	예 Ngày kia là ngày 28. 모레는 28일입니다.

→ 숫자 11~100 194쪽

★ 기간 묻고 답하기

일, 월, 년 모두 의문사 위치가 바뀌면 기간을 묻는 표현으로 사용됩니다.

10일 이하	질문 주어 + 동사 + mấy + 시간 단위?
	예 Em ở Việt Nam mấy tháng? 너는 베트남에 몇 달 있니?
	대답 주어 + 동사 + 숫자.
	예 Em ở Việt Nam 3 tháng. 저는 3달 (동안) 베트남에 있습니다.
11일 이상	질문 주어 + 동사 + bao nhiêu + 시간 단위?
	예 Anh Nam ở Seoul bao nhiêu ngày? 남 형 / 오빠는 서울에 며칠 있어요?
	대답 주어 + 동사 + 숫자.
	예 Anh ấy ở Seoul 15 ngày. 그는 15일(동안) 서울에 있어.

왕초보 탈출 팁

베트남에서는 '일(ngày)-월(tháng)-년(năm)' 순으로 날짜를 표기하며, 1일~10일을 이야기할 때는 초순을 의미하는 mồng (= mùng)을 숫자 앞에 붙여 사용합니다.

단어

ngày 일
tháng 월
năm 해, 년
mồng(= mùng) 한 달의 초순 (10일간)
hôm nay 오늘
ngày kia 모레
ngày mai 내일
hôm qua 어제

🎧 MP3 09-03 들어 보기 🎙 MP3 09-04 회화 훈련

2

A Tháng này là tháng mấy? 이번 달은 몇 월인가요?

B Tháng này là tháng 3. 이번 달은 3월이에요.

★ 월 표현하기

tháng(달, 월) 뒤에 숫자를 쓰면 '~월'이라는 뜻이 됩니다. 이때 4월의 경우 tháng bốn이 아니라 tháng tư라고 사용한다는 점에 유의하세요.

1월	tháng một	4월	tháng tư	7월	tháng bảy	10월	tháng mười
2월	tháng hai	5월	tháng năm	8월	tháng tám	11월	tháng mười một
3월	tháng ba	6월	tháng sáu	9월	tháng chín	12월	tháng mười hai

★ tháng mấy

몇 월인지를 묻기 위해서는 의문사 mấy를 활용합니다. 11월, 12월에도 mấy를 사용한다는 데에 유의하세요.

질문 ~ là tháng mấy?

예 Tháng trước là tháng mấy? 지난달은 몇 월이었습니까?

대답 ~ là tháng + 숫자.

예 Tháng trước là tháng 8. 지난달은 8월이었습니다.

왕초보 탈출 팁

2달 전, 3달 후 등을 표현할 때는 '숫자 + tháng trước'(~ 달 전)과 '숫자 + tháng sau'(~ 달 후)로 표현합니다.

지난달	tháng trước
이번 달	tháng này
다음 달	tháng sau

예 2 tháng trước, tôi đã mua cặp sách này.
나는 2달 전에 이 가방을 샀다.
5 tháng sau, anh trai tôi về nước.
5달 후에 오빠는 귀국한다.

단어

anh trai (가족 내) 형/오빠
về nước 귀국하다
trước ~전, ~앞, 이전에
sau ~후, ~뒤, 이후에
sinh nhật 생일

공부한 내용을 확인해 보세요!

① A: Sinh nhật của cậu là ngày ________ ________ tháng ________? 네 생일은 몇 월 며칠이니?

B: Sinh nhật của tớ là ngày ngày 23 tháng 4.
내 생일은 4월 23일이야.

② A: 2 tháng ________ là tháng mấy? 2달 전은 몇 월이었습니까?

B: 2 tháng trước là tháng 10. 2달 전은 10월이었습니다.

정답

① bao nhiêu, mấy
② trước

MP3 09-05 들어 보기 MP3 09-06 회화 훈련

3

A **Ngày mai là thứ mấy?** 내일은 무슨 요일입니까?

B **Ngày mai là thứ ba.** 내일은 화요일입니다.

★ 요일

월요일부터 토요일까지는 서수로 표현하며, chủ nhật(일요일) 앞에는 thứ(~ 번째)를 사용하지 않습니다. 일요일을 한 주의 시작으로 보고, 월요일을 두 번째, 토요일을 일곱 번째라고 표현합니다. 또한 요일을 표기할 때에는 알파벳과 아라비아 숫자를 모두 사용할 수 있습니다. 예를 들어 목요일은 thứ năm으로도, thứ 5로도 표기할 수 있습니다.

일요일	chủ nhật	목요일	thứ năm
월요일	thứ hai	금요일	thứ sáu
화요일	thứ ba	토요일	thứ bảy
수요일	thứ tư		

★ 요일 묻고 답하기

요일을 물어볼 때도 숫자 의문사 mấy를 사용하며, mấy 자리에 요일을 넣어 대답합니다.

질문 ~ là thứ mấy?

예 Ngày kia là thứ mấy? 모레는 무슨 요일입니까?

대답 ~ là + 요일.

예 Ngày kia là chủ nhật. 모레는 일요일입니다.

★ 연도 묻고 답하기

연도를 물어볼 때는 bao nhiêu를 사용하며, 의문사 자리에 연도를 넣어 대답합니다.

질문 ~ là năm bao nhiêu?

예 Năm nay là năm bao nhiêu? 올해는 몇 년도입니까?

대답 ~ là năm + 숫자.

예 Năm nay là năm 2018. 올해는 2018년입니다.

왕초보 탈출 팁

작년	năm ngoái / năm trước
올해	năm nay
내년	sang năm / năm sau

단어

thứ ~번째
năm 해, 년

MP3 09-07 들어 보기 MP3 09-08 회화 훈련

4

A **Cậu đi Việt Nam vào ngày mấy?**

너는 며칠에 베트남에 가?

B **Tớ đi Việt Nam vào ngày 13 tháng 5.**

나는 5월 13일에 베트남에 가.

★ vào + 날짜, 요일, 월

동사 뒤에 날짜, 요일, 월 등의 표현이 오는 경우 vào(~에)를 시간 표현 앞에 사용합니다. 질문에서는 vào가 의문사 앞에 사용됩니다.

날짜	질문 주어+동사+vào ngày mấy/bao nhiêu?
	예 Anh đi công tác vào ngày bao nhiêu? 형/오빠는 며칠에 출장 가세요?
	대답 주어+동사+vào ngày+숫자.
	예 Tôi đi công tác vào ngày 23 tháng 2. 나는 2월 23일에 출장 가.
요일	질문 주어+동사+vào thứ mấy?
	예 Cậu gặp cô Lan vào thứ mấy? 너는 무슨 요일에 란 선생님을 만날 거야?
	대답 주어+동사+vào+요일.
	예 Tớ gặp cô Lan vào thứ năm. 나는 목요일에 란 선생님을 만나.
월	질문 주어+동사+vào tháng mấy?
	예 Em đi học vào tháng mấy? 너는 몇 월에 학교를 가?
	대답 주어+동사+vào tháng+숫자.
	예 Em đi học vào tháng 3. 저는 3월에 학교를 갑니다.

① Cậu gặp thầy Nam ________ ________ ________?
너는 무슨 요일에 남 선생님을 만나니?

② Em đi Mĩ ________ ________ ________? 너는 몇 월에 미국에 가니?

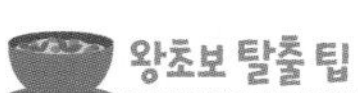

vào는 계절과도 함께 사용할 수 있습니다.

봄	mùa xuân
여름	mùa hạ/hè
가을	mùa thu
겨울	mùa đông

예 Chị gái tôi kết hôn vào mùa xuân này.
나의 누나/언니는 이번 봄에 결혼했다.
Tôi đã đi Đức vào mùa thu trước.
나는 지난 가을에 독일에 왔다.

công tác 출장
kết hôn 결혼하다

① vào thứ mấy
② vào tháng mấy

도전! 실전 회화

MP3 09-09 들어 보기 MP3 09-10 회화 훈련

Hôm nay là ngày bao nhiêu?

Hôm nay là ngày 13.

Ôi, hai ngày sau là sinh nhật của mẹ mình.

Thế à? Hai ngày nữa[1] cũng là sinh nhật của mẹ mình.

Ôi, bất ngờ quá! Thế bố của bạn sinh nhật là ngày nào[2]?

Sinh nhật của bố mình là ngày 30 tháng 12.

Còn sinh nhật của bố mình là 31 tháng 12. Giống nhau[3] quá!

단어

ôi (감탄사) 어머나, 오 　 sinh nhật 생일 　 bất ngờ 예기치 않은, 뜻밖의

지성	오늘 며칠이지?
링	오늘은 13일이야.
지성	앗, 이틀 후면 어머니 생신이야.
링	그래? 우리 어머니 생신도 이틀 뒤야.
지성	와, 매우 놀랍네! 그럼 너희 아버지 생신은 며칠이야?
링	우리 아버지 생신은 12월 30일이야.
지성	우리 아버지 생신은 12월 31일이야. 매우 비슷하네!

회화 Tip

❶ nữa는 '더'라는 의미로 사물의 갯수를 추가로 말할 때 사용합니다. thêm과 함께 결합하여 thêm ~ nữa 또는 thêm ~으로 사용되며, 이때 thêm은 동사 앞에 위치하고 nữa는 문장 끝에 위치합니다.

❷ 구체적인 날짜를 물어보기 위해 ngày 뒤에 nào(어느)를 사용할 수 있습니다. tháng(월)과 năm(연도)에도 모두 사용할 수 있습니다.

❸ giống은 '같다'의 의미로 뒤에 nhau(서로)와 결합하여 '서로 같다'의 의미가 됩니다. 이때 앞의 주어는 복수여야 하며, 반대말은 khác(다르다)입니다.

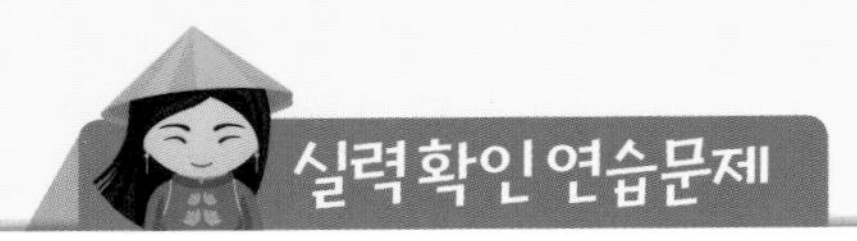

1 빈칸에 들어갈 말을 적고, 소리 내어 말해 보세요.

1 A: ________ ________ là ngày mấy? 어제는 며칠이었지?

B: Hôm qua là ngày ________ 8. 어제는 8일이었어.

2 A: ________ ________ là tháng 9 phải không? 다음 달이 9월 맞지?

B: Dạ phải. 맞아.

3 A: Chị đi Việt Nam ________ thứ mấy? 누나/언니는 무슨 요일에 베트남에 가세요?

B: Tôi đi Việt Nam ________ thứ 4. 나는 수요일에 베트남에 가.

2 빈칸에 들어갈 알맞은 말을 고르세요.

1 A: Ngày mai là ngày ________? 내일은 며칠인가요?

B: Ngày mai là ngày 12. 내일은 12일입니다.

① gì ② ai ③ đâu ④ bao nhiêu

2 A: Sinh nhật của cậu là ngày ________? 네 생일은 언제니?

B: Sinh nhật của tớ là ngày 24 tháng 3. 내 생일은 3월 24일이야.

① gì ② ai ③ đâu ④ nào

3 A: Em nộp bài ________ thứ mấy? 너는 언제 과제를 제출하니?

B: Em nộp bài ________ thứ 6. 저는 금요일에 과제를 제출합니다.

*nộp 내다, 제출하다

① ở ② có ③ vào ④ vẫn

정답 1 1. Hôm qua, mồng 2. Tháng sau 3. vào, vào
2 1. ④ 2. ④ 3. ③

베트남의 음식 ❶

바잉 미(Bánh mì)

베트남식 바게트를 반으로 가른 후 고기와 채소 등의 속 재료를 넣어 만든 베트남식 샌드위치입니다. 프랑스 식민 시대(1883~1945)를 거치면서 프랑스 식문화의 영향을 받아 생겨난 것으로 추정됩니다. 베트남식 바게트에 베트남 고유의 식재료로 속을 채워 먹기 시작하면서 발전한 것으로 보이는, 일종의 퓨전 요리라고 할 수 있습니다. 바잉 미는 베트남의 대표적인 길거리 음식 중 하나로, 저렴한 가격에 맛볼 수 있습니다.

분 팃 느엉(bún thịt nướng)

분 팃 느엉은 베트남 중부 지방의 국수 요리입니다. 쌀 면(bún)과 돼지고기, 스프링 롤(nem rán), 절인 무, 당근, 오이와 각종 채소 그리고 으깬 땅콩이 올라가 다양한 식감을 느낄 수 있습니다. 함께 나오는 느억 맘 소스를 넣어 비벼 먹으면 더 맛있습니다.

Ngày 10

Chị đi làm lúc mấy giờ?

언니는 몇 시에 일하러 가세요?

월 일

MP3와 강의를 들어 보세요

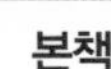

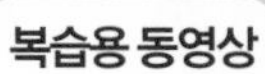

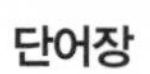

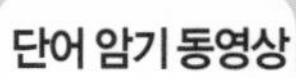

핵심 문장 익히기

MP3 10-01 들어 보기 MP3 10-02 회화 훈련

1

A Bây giờ là mấy giờ? 지금 몇 시예요?

B Bây giờ là 8 giờ. 지금은 8시예요.

★ ~ mấy giờ?

숫자 의문사 mấy와 giờ(시)가 결합하여 시간을 묻는 표현으로, '몇 시'라는 의미입니다. 현재 시간을 물을 때는 bây giờ(지금)를 사용하고, mấy 자리에 해당하는 시간을 넣어 대답합니다.

예 A: Bây giờ là mấy giờ? 지금은 몇 시입니까?
B: Bây giờ là 12 giờ 20 phút. 지금은 12시 20분입니다.

★ 시간 관련 표현

아래의 표현들을 활용하여 시간을 말할 수 있습니다.

đúng	정각	예 11 giờ đúng 11시 정각
kém	~분 전	예 8 giờ kém 20 phút 8시 20분 전(= 7시 40분)
rưỡi	시간의 반	예 1 giờ rưỡi 1시 반
phút	분	예 2 giờ 15 phút 2시 15분
giây	초	예 7 giờ 20 phút 10 giây 7시 20분 10초

왕초보 탈출 팁

đúng은 '옳은', '정확한'의 의미로, 시간 표현에서는 '정각'을 나타냅니다. kém은 '부족한', '적은'의 의미로, 시간 표현에서는 '~분 전'을 나타냅니다. rưỡi는 '단위의 반'의 의미로, 시간 표현에서는 한 시간의 반인 '30분'을 나타냅니다.

단어

bây giờ 지금
giờ 시
phút 분

❶ A: ________ ________ là mấy giờ? 지금 몇 시인가요?
B: ________ ________ là 9 giờ. 지금은 9시입니다.

❷ A: Bây giờ là ________ ________? 지금 몇 시인가요?
B: Bây giờ là 3 ________ ________ 10 phút. 지금은 3시 10분 전입니다.

정답
① Bây giờ, Bây giờ
② mấy giờ, giờ kém

MP3 10-03 들어 보기 MP3 10-04 회화 훈련

2

A Chị đi làm lúc mấy giờ?

누나는 몇 시에 일하러 가세요?

B Tôi đi làm lúc 8 giờ rưỡi sáng.

나는 아침 8시 30분에 일하러 가.

★ ~ lúc mấy giờ?

lúc(~에)과 의문사 mấy giờ를 사용하여 행위나 동작이 이루어지는 시간을 묻는 표현입니다. 대답을 할 때는 의문사 자리에 해당하는 시간을 넣어 표현합니다. mấy giờ 가 앞으로 온 경우에는 대답할 때 일반적으로 lúc이 생략됩니다.

질문 주어 + 동사 + lúc mấy giờ?

예 Chị về nhà lúc mấy giờ? 누나/언니는 몇 시에 집에 와요?

대답 주어 + 동사 + lúc + 시간.

예 Chị về nhà lúc 5 giờ chiều. 나는 오후 5시에 집에 와.

질문 Mấy giờ + 주어 + 동사?

예 Mấy giờ chị về nhà? 몇 시에 누나/언니는 집에 와요?

대답 시간 + 주어 + 동사.

예 5 giờ chiều tôi về nhà. 오후 5시에 나는 집에 와.

★ buổi와 ban

하루의 시간대를 나누는 단어로 오전, 오후 등 시간에 대한 오해를 피하기 위해 사용합니다. 일반적으로 다음과 같이 시간대를 나누어 사용합니다.

오전	01:00 ~ 11:00	buổi sáng
점심	11:00 ~ 13:00	buổi trưa
오후	13:00 ~ 18:00	buổi chiều
저녁	18:00 ~ 23:00	buổi tối
밤	23:00 ~ 01:00	ban(buổi) đêm

왕초보 탈출 팁

하루를 낮과 밤으로 나눌 때는 ban ngày(낮)와 ban đêm(밤)을 사용합니다.

단어

về nhà 귀가하다
ban 시간의 한 부분
buổi 시간의 한 부분

MP3 10-05 들어 보기 MP3 10-06 회화 훈련

3

A Mấy giờ chúng ta đi xem phim?

몇 시에 우리는 영화를 보러 갈 거야?

B Chúng ta đi sau 7 giờ tối. 우리는 7시 이후에 갈 거야.

★ trước, sau, trong

trước(~ 전), sau(~ 후), trong(~ 동안)은 시간 명사 앞에 사용됩니다. 단 trước, sau, trong이 동사 앞에서 사용될 때는 khi(때)와 함께 trước khi, sau khi, trong khi의 형태로 사용됩니다.

예 Trước 5 giờ em về nhà. 5시 전에 나는 귀가한다.
Trước khi gặp cô, tôi làm bài tập. 선생님을 만나기 전에 나는 숙제를 한다.
Sau 2 giờ em đi gặp thầy Nam. 2시 이후에 나는 남 선생님을 만나러 간다.
Sau khi làm xong, tôi đi ăn tối. 일이 끝난 후에 나는 저녁을 먹으러 간다.
Trong thời gian ở nhà, em giúp mẹ. 집에 있는 동안 나는 엄마를 돕는다.
Trong khi làm việc tôi nghe nhạc. 일을 하면서 나는 음악을 듣는다.

★ buổi의 쓰임

특정한 시간대와 결합할 때는 buổi를 생략하고 사용합니다.

예 8 giờ sáng 아침 8시 ← 8 giờ(8시) + buổi sáng(아침)
6 giờ chiều 오후 6시 ← 6 giờ(6시) + buổi chiều(오후)
chiều (hôm) qua 어제 오후 ← buổi chiều(오후) + hôm qua(어제)
trưa (ngày) mai 내일 정오 ← buổi trưa(정오) + ngày mai(내일)

단어

thức dậy 일어나다
làm bài tập 숙제하다
xong 끝내다
ăn tối 저녁 식사, 저녁을 먹다
giúp 돕다

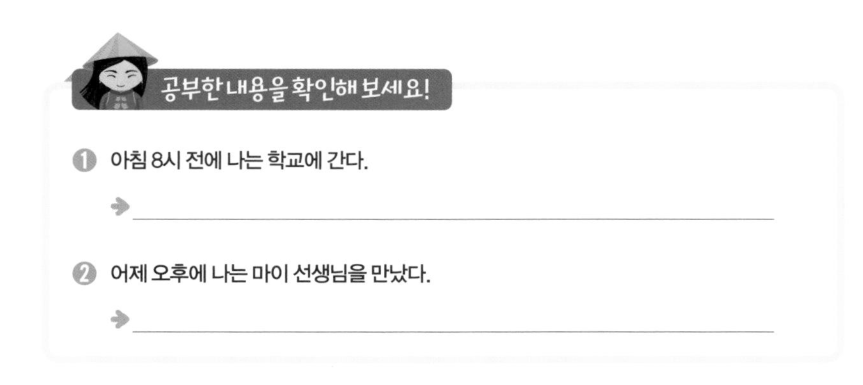

① 아침 8시 전에 나는 학교에 간다.

→ ______________________

② 어제 오후에 나는 마이 선생님을 만났다.

→ ______________________

정답

① Trước 8 giờ sáng tôi đi học.
② Chiều hôm qua tôi gặp cô Mai.

MP3 10-07 들어 보기　MP3 10-08 회화 훈련

4 Em Lan học tiếng Anh từ 9 giờ đến 11 giờ rưỡi. 란은 9시부터 11시 반까지 영어를 공부해요.

★ từ A đến B

'A부터 B까지'의 범위를 나타내며, 공간과 시간에 모두 사용할 수 있습니다. từ와 đến은 함께 쓰이기도 하고 따로 쓰이기도 합니다.

예 Tôi đi Hà Nội từ ngày 13 đến ngày 20. 나는 13일부터 20일까지 하노이에 갑니다.
Em học tiếng Anh từ 11 giờ. 나는 11시부터 영어를 공부합니다.
Chúng ta nộp bài tập đến ngày 12. 우리는 12일까지 숙제를 제출해야 합니다.

→ A부터 B까지 197쪽

★ 빈도부사

행위나 동작의 빈도를 나타내는 빈도사는 동사와 형용사 앞에 위치합니다.

luôn luôn 항상	예 Tôi luôn luôn đi học lúc 9 giờ sáng. 나는 항상 아침 9시에 학교에 갑니다.
hay 자주	예 Tôi hay đi xem phim. 나는 자주 영화를 봅니다.
thường (xuyên) 보통, 대개	예 Tôi thường đi mua sắm. 나는 보통 쇼핑을 갑니다.
thỉnh thoảng 가끔	예 Tôi thỉnh thoảng đi bóng đá với bạn. 나는 가끔 친구와 함께 축구 하러 갑니다.
đôi khi 이따금	예 Tôi đôi khi không ăn sáng. 나는 이따금 아침을 안 먹습니다.
ít khi 드물게	예 Tôi ít khi ăn món ăn cay. 나는 드물게 매운 음식을 먹습니다.
không bao giờ 절대 ~하지 않는	예 Tôi không bao giờ hút thuốc lá. 나는 절대로 담배를 피우지 않습니다.

단어

nộp 제출하다, 내다
bài tập 숙제
bóng đá 축구
với ~와 함께
ăn sáng 아침 식사, 아침을 먹다
món ăn 음식
cay 매운
hút 빨아들이다, 흡입하다
thuốc lá 담배

공부한 내용을 확인해 보세요!

아버지는 7일부터 20일까지 미국에 갑니다.

➜ ______________________

정답
Bố tôi đi Mĩ từ ngày mồng 7 đến ngày 20.

MP3 10-09 들어 보기　MP3 10-10 회화 훈련

Chiều mai cậu có thời gian không?

Có. Có chuyện gì không?[1]

Tớ có 2 vé chương trình ca nhạc <Hà Nội mùa thu> đấy. Cậu có đi cùng[2] **không?**

Mấy giờ chúng mình gặp nhau nhỉ?

Chương trình bắt đầu lúc 8 giờ.

Thế thì chúng mình gặp nhau lúc 6 giờ nhé[3]**. Ăn tối xong**[4] **thì đi xem thế nào?**

Ừ, được đấy!

단어

thời gian 시간	chuyện 일, 사건, 이야기하다	vé 표
chương trình 프로그램	ca nhạc 가극(노래와 음악)	bắt đầu 시작하다

링	내일 오후에 시간 있어?
지성	응. 무슨 일 있어?
링	나한테 〈하노이 가을〉 음악극 표 2매가 있어. 함께 가지 않을래?
지성	우리 몇 시에 만날까?
링	프로그램은 8시에 시작해.
지성	그럼 우리 6시에 보자. 저녁 먹고 보러 가는 거 어때?
링	응, 좋아!

회화 Tip

❶ gì 의문문과 'có ~ không' 의문문이 결합한 복합의문문으로 볼 수 있습니다. 대답할 때는 긍정인 경우 Có를, 부정인 경우 Không을 사용합니다. 본문 회화에서는 chuyện(일)과 gì가 함께 사용된 chuyện gì(무슨 일)가 'có ~ không' 의문문 안에 들어가 '무슨 일이 있니?'로 해석되었습니다.

❷ '함께', '같이'라는 뜻으로 '동사 + cùng' 또는 'cùng + 동사' 형태로 사용되며, '함께 ~하다'로 해석합니다.

❸ 문장 마지막에 위치하여 제안하거나 권유할 때 사용합니다.

❹ xong은 동사 뒤에 위치하여 동사가 지칭하는 행동을 완전히 끝마쳤음을 표현합니다.

실력확인 연습문제

1 빈칸에 들어갈 말을 적고, 소리 내어 말해 보세요.

1 오후 5시 이후에 아버지는 집에 오십니다.

➔ ______________________________

2 그는 1시간 동안 운동을 합니다.

➔ ______________________________

3 9시부터 11시까지 나는 영어를 공부합니다.

➔ ______________________________

2 빈칸에 들어갈 알맞은 말을 고르세요.

1 A: ________ là mấy giờ? 지금은 몇 시입니까?

B: ________ là 3 giờ chiều. 지금은 오후 3시입니다.

① bây giờ ② lúc nào ③ cũng có ④ bao nhiêu

2 A: Anh đi học ________ mấy giờ? 형/오빠는 몇 시에 학교에 갑니까?

B: Tôi đi học ________ 8 giờ rưỡi. 나는 8시 반에 학교에 가.

① còn ② lúc ③ vẫn ④ cũng

3 A: Buổi sáng chị thường ________? 아침에 누나/언니는 보통 뭐 하세요?

B: Buổi sáng tôi thường đi bơi. 아침에 나는 보통 수영하러 가.

① với ai ② ở đâu ③ làm gì ④ ngày nào

정답 1 1. Sau 5 giờ chiều bố tôi về nhà. 2. Anh ấy tập thể dục trong 1 tiếng. 3. Từ 9 giờ đến 11 giờ tôi học tiếng Anh.
2 1. ① 2. ② 3. ③

베트남의 음식 ❷

바잉 쌔오(Bánh xèo)

코코넛밀크와 쌀가루 반죽을 얇게 부쳐서 그 위에 숙주, 돼지고기, 새우 등을 넣은 후 반달 모양으로 접어 기름에 부친 요리입니다. 바잉 쌔오를 적당한 크기로 잘라 상추, 양상추, 향채(고수나 베트남 민트와 같은 향이 강한 채소) 등 신선한 채소를 올려 바잉 짱(Bánh trángg: 라이스페이퍼)에 싸서 느억 맘 소스에 찍어 먹습니다.

분 보 후에(Bún bò Huế)

베트남 중부 후에의 음식 중 하나로, 쌀국수 면보다 면발이 굵은 국수 요리입니다. 소뼈를 오랜 시간 우려낸 육수에 레몬그라스와 발효된 새우 소스 맘 똠(mắm tôm), 설탕을 넣어 간을 맞추어 먹습니다. 칠리소스를 곁들여 먹기 때문에 쇠고기 육수의 감칠맛 외에도 매운맛과 신맛, 단맛이 조화를 이룹니다. 고기를 고명으로 올리는데 돼지 선지가 들어가기도 하며 다양한 허브와 숙주를 넣어 먹기도 합니다.

Năm nay chị bao nhiêu tuổi?

올해 언니는 몇 살이에요?

월 일

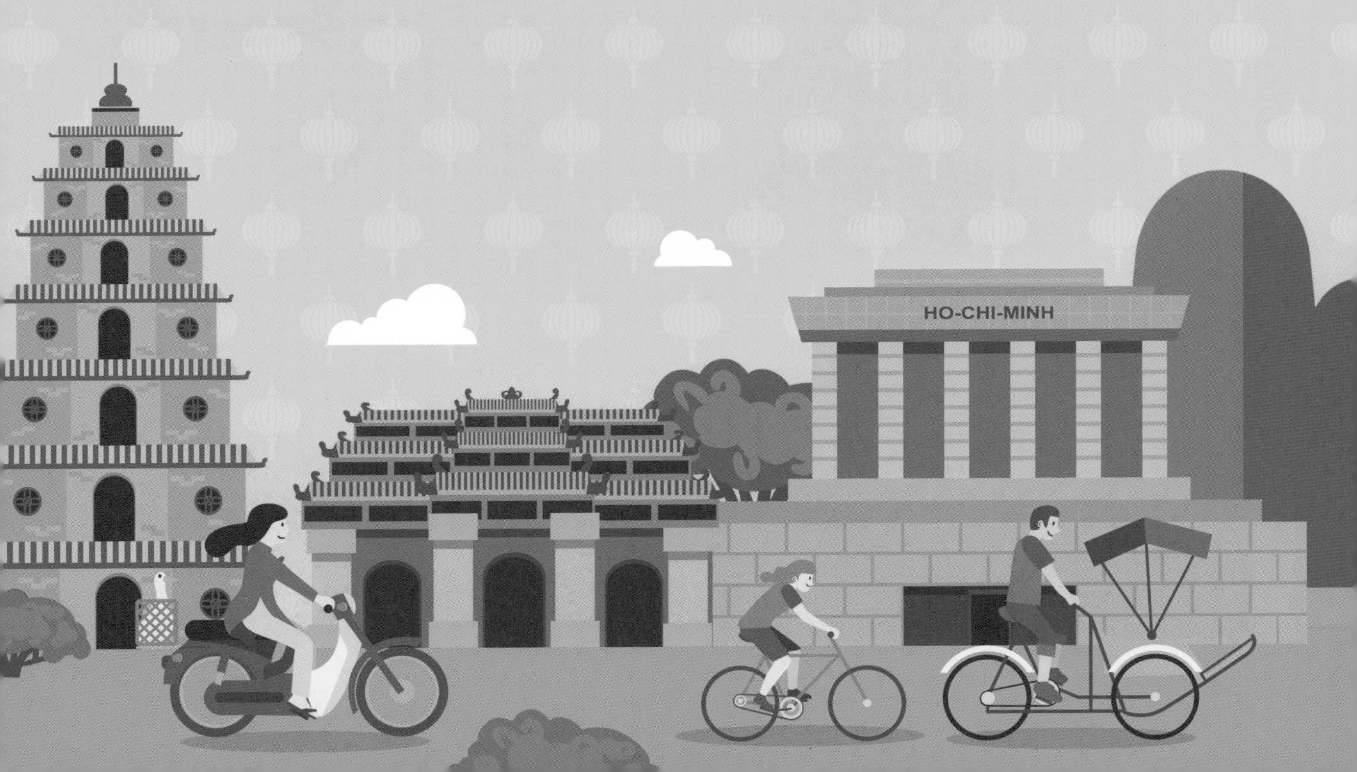

MP3와 강의를 들어 보세요

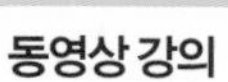

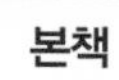

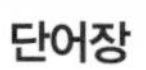

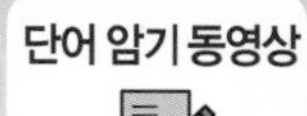

핵심 문장 익히기

MP3 11-01 들어 보기 MP3 11-02 회화 훈련

1

A Năm nay chị bao nhiêu tuổi?

올해 누나는 몇 살이에요?

B Năm nay chị 28 tuổi. 올해 나는 28살이야.

★ ~ bao nhiêu tuổi?

나이를 묻는 표현으로 11살 이상의 나이를 물을 때는 bao nhiêu를 사용하고, 10살 이하의 나이를 물을 때는 mấy를 사용합니다. 또한 năm nay(올해)를 문장 앞에 넣어 사용하기도 합니다. 의문사 자리에 해당하는 나이를 넣어 대답합니다.

10살 이하	질문 주어 + (lên) mấy tuổi? 예 Cháu (lên) mấy tuổi? 너는 몇 살이니?/너는 몇 살이 되었니?
	대답 주어 (+ lên) +숫자 + tuổi. 예 Cháu (lên) 7 tuổi ạ. 저는 7살이에요./저는 7살이 되었어요.
11살 이상	질문 주어 + bao nhiêu tuổi? 예 Chị Mai bao nhiêu tuổi? 마이 누나/언니는 몇 살입니까?
	대답 주어 + 숫자 + tuổi. 예 Chị Mai 32 tuổi. 마이 누나/언니는 32살입니다.

왕초보 탈출 팁

lên은 '올라가다'의 의미로, 나이 표현에서 lên mấy tuổi?라고 하면 어린 아이에게 '몇 살이 되었니?'라고 묻는 표현입니다.

단어

năm nay 올해
tuổi 나이, ~세

❶ Năm nay cháu _________ _________? 올해 너는 몇 살이니?

❷ Năm nay chị _________ _________ _________?
올해 누나/언니는 몇 살이에요?

① mấy tuổi
② bao nhiêu tuổi

MP3 11-03 들어 보기　MP3 11-04 회화 훈련

2 Em Hoa cao bằng em Lan. 호아는 란과 키가 같다.

★ 동등 비교

같거나 비슷한 정도를 나타내는 동등 비교에서는 bằng(~만큼, ~ 같은)과 như(~처럼, ~ 같은)를 사용하여 '~만큼 …하다'의 의미를 표현합니다.

A + 형용사 + bằng B	예 Quyển sách này dày bằng quyển sách kia. 이 책은 저 책만큼 두껍다.
A + 형용사 + như B	예 Quyển sách này dày như quyển sách kia. 이 책은 저 책처럼 두껍다.

★ nhau

'서로'라는 의미로 동등 비교에서는 bằng nhau, như nhau로 사용합니다. 이때 비교 대상인 주어는 복수여야 합니다. 나이가 같거나 갖고 있는 돈이 같을 경우에는 bằng과 nhau 사이에 해당 단어를 넣어 bằng tuổi nhau, bằng tiền nhau 로 표현합니다.

A và B + 형용사 + bằng nhau	예 Phòng này và phòng kia rộng bằng nhau. 이 방과 저 방은 넓이가 서로 같다.
A và B + 형용사 + như nhau	예 Ông Hoàng và ông Nam béo như nhau. 황 할아버지와 남 할아버지는 살찐 정도가 비슷하다.
예외	예 Bố và mẹ tôi bằng tuổi nhau. 아버지와 어머니는 나이가 같으시다. Tôi và em gái tôi có bằng tiền nhau. 나와 내 동생은 갖고 있는 돈이 같다.

공부한 내용을 확인해 보세요!

① 나와 밍 형/오빠는 키가 같다.

➔ ______________________

② 이 고양이는 저 고양이처럼 귀엽다(dễ thương).

➔ ______________________

왕초보 탈출 팁

bằng은 수량(số lượng)이 같을 때 주로 사용되고, như는 성질(chất lượng)이 같을 때 주로 사용됩니다. 또한 bằng은 두 상황 모두에서 사용할 수도 있습니다.

단어

cao (키가) 큰, 높은
dày 두꺼운
rộng 넓은
béo 살찐, 뚱뚱한
dễ thương 귀여운

정답

① Tôi cao bằng anh Minh.
② Con mèo này và con mèo kia dễ thương như nhau.

핵심 문장 익히기

MP3 11-05 들어 보기 MP3 11-06 회화 훈련

3

Chị Lan lớn hơn tôi 2 tuổi.

란 언니는 나보다 나이가 2살 많다.

★ 우등 비교

정도의 차이를 나타내는 우등 비교에서는 hơn(~보다)을 사용하며, 비교의 정도를 나타내는 단위가 함께 사용되기도 합니다. 그러나 비교를 나타내는 형용사가 없는 경우에는 반드시 비교의 정도를 나타내는 단위가 문장 마지막에 들어가야 합니다.

A + 형용사 + hơn B (+ 숫자 단위명사)	예 Anh Jihun cao hơn anh Minh (5 cm). 지훈 형/오빠는 밍 형/오빠보다 키가 (5cm) 크다. Chị Lan lớn hơn em (2 tuổi). 란 누나/언니는 나보다 나이가 (2살) 많다.
A (+ 형용사) hơn B + 숫자 단위명사	예 Anh Jihun (cao) hơn anh Minh 5 cm. 지훈 형/오빠는 밍 형/오빠보다 (키가) 5cm 크다. Chị Lan (lớn) hơn em 2 tuổi. 란 누나/언니는 나보다 (나이가) 2살 많다.

단어

lớn 넓은
em gái 여동생
trẻ 어린, 젊은
sâu 깊은
hồ 호수

공부한 내용을 확인해 보세요!

① 훙 형/오빠는 나보다 키가 10cm 크다.

➔ ______________________________

② 이 호수는 저 호수보다 깊다(sâu).

➔ ______________________________

정답

① Anh Hùng (cao) hơn tôi 10 cm.
② Hồ này sâu hơn hồ kia.

🎧 MP3 11-07 들어 보기 🎙 MP3 11-08 회화 훈련

4 Ông Tuấn khoẻ nhất. 뚜언 할아버지가 제일 건강하시다.

★ 최상급

최상급에서는 nhất(제일의, 가장)을 사용하여 '제일/가장 ~한'의 의미를 표현합니다. 또한 hơn cả와 hơn hết도 같은 의미로 최상급에서 사용되지만, hơn hết은 다른 두 개에 비해 비교적 덜 사용됩니다.

주어 + 형용사 + nhất	예 Cái áo màu trắng kia đắt nhất. 저 하얀색 옷이 가장 비싸다.
주어 + 형용사 + hơn cả	예 Trong lớp tôi, Jimin thông minh hơn cả. 우리 반에서 지민이가 가장 똑똑하다.
주어 + 형용사 + hơn hết	예 Mùa này quả măng cụt ngon hơn hết. 이 계절에 망고스틴이 가장 맛있다.

★ 나이의 최상급 표현

나이가 가장 많고 적음은 다음과 같이 표현합니다.

가장 적음	주어 + trẻ(nhỏ) nhất	예 Em Hồng trẻ nhất. 홍이 가장 어리다.
	주어 + ít tuổi nhất	예 Em Hồng ít tuổi nhất. 홍이 나이가 제일 적다.
가장 많음	주어 + già(lớn) nhất	예 Chị Mai già nhất. 마이 누나/언니가 가장 늙었다.
	주어 + nhiều tuổi nhất	예 Chị Mai nhiều tuổi nhất. 마이 누나/언니의 나이가 제일 많다.

단어

màu 색
trắng 하얀
đắt 비싼
lớp 학급, 교실, 학년
thông minh 똑똑한, 총명한
măng cụt 망고스틴
ít 적은
già 나이 든, 늙은
nhiều 많은

공부한 내용을 확인해 보세요!

① 훙 형/오빠가 키가 가장 크다.

→ ______________________

② 밍이 제일 어리다.

→ ______________________

정답

① Anh Hùng cao nhất.
② Minh ít tuổi nhất.

MP3 11-09 들어 보기 MP3 11-10 회화 훈련

Lớp của anh có mấy người?

Lớp của tôi có 9 người, 5 nam và 4 nữ.

Chắc là[1] anh cao nhất trong lớp, đúng không?[2]

Không, Josep cao hơn anh. Anh ấy cao 1m 87cm.

Thế à. Hai người bằng tuổi nhau à?[3]

Ừ, Josep bằng tuổi anh.

Anh ấy có học giỏi nhất trong lớp của anh không?

Anh nghĩ, Josep học giỏi nhưng Jihun học giỏi hơn.

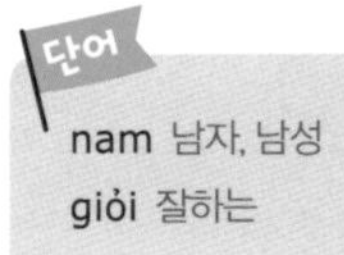

nam 남자, 남성　　nữ 여자, 여성　　nghĩ 생각하다
giỏi 잘하는

링	오빠 반에는 몇 명이 있나요?
한스	우리 반에는 남자 5명, 여자 4명으로 9명이 있어.
링	아마 오빠가 반에서 가장 키가 크죠, 그렇죠?
한스	아니, 조셉이 나보다 커. 그는 187cm야.
링	그렇군요. 두 사람은 동갑이죠?
한스	응, 조셉은 나랑 나이가 같아.
링	그가 반에서 가장 공부를 잘하나요?
한스	내 생각에는 조셉도 공부를 잘하지만 지훈이가 더 잘하는 것 같아.

회화 Tip

❶ '확실한', '확신하는'의 chắc이 là와 함께 문장 앞에 사용되면 자신이 알고 있는 것에 대한 확신을 갖고 상대방에게 '확실히/틀림없이 ~일 것이다'로 추측하는 표현이 됩니다.

❷ đúng(올바른, 맞는)과 không(아니다)이 결합한 의문문으로 '그렇지 않아(요)?'라는 뜻입니다. 문장 마지막에 위치하며 알고 있는 사실을 확인하고자 할 때 사용합니다. 유사한 표현으로는 phải không?이 있습니다. 대답할 때 긍정은 đúng rồi를, 부정은 không을 사용합니다.

❸ 문장 마지막에 위치하여 의문문을 만들때 사용합니다. phải không?과 đúng không?으로 대체할 수 있으며, 회화에서 가장 많이 사용되는 표현 중 하나입니다. 또한 à가 문장 앞에서 사용될 때는 감탄을 표현합니다.

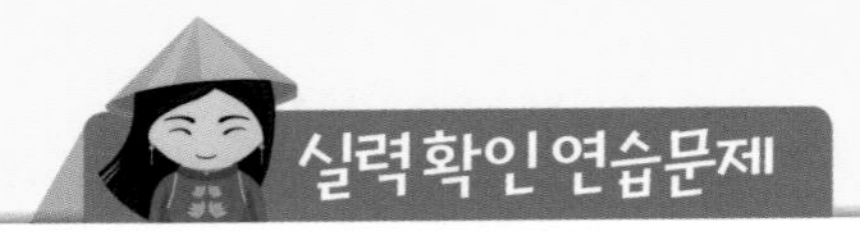

1 빈칸에 들어갈 말을 적고, 소리 내어 말해 보세요.

1 Tôi nặng 70 kg. Anh ấy cũng nặng 70 kg.
나는 70kg이고 그 또한 70kg이다.

→ Tôi nặng ________ anh ấy. 나는 그와 몸무게가 같다.

2 Mùa đông ở Seoul lạnh ________ mùa đông ở Hà Nội.
서울의 겨울은 하노이의 겨울보다 춥다.

3 Trong gia đình tôi, bố tôi cao ________.
우리 가족 중에 아버지가 제일 키가 크시다.

2 빈칸에 들어갈 알맞은 말을 고르세요.

1 Mọi người ở đây ________ nhau. 여기 있는 모든 사람은 나이가 같다.

① già ② bằng già ③ bằng trẻ ④ bằng tuổi

2 Thời tiết hôm nay lạnh ________ hôm qua. 오늘 날씨는 어제보다 춥다.

① hơn hết ② hơn ③ như ④ bằng

3 A: Năm nay cháu ________ mấy tuổi? 올해 너는 몇 살이 되었니?

B: Năm nay cháu ________ 6 tuổi ạ. 올해 저는 6살이 되었어요.

① đi ② hơn ③ lên ④ vào

정답 **1** 1. bằng 2. hơn 3. nhất **2** 1. ④ 2. ② 3. ③

베트남에서의 한류

베트남은 동남아 국가 중 가장 먼저 한류가 진출한 국가로, 1990년대 후반 K드라마에서 시작해 영화, 음악, 온라인게임, 패션, 화장품 등으로 한류가 확대되었습니다. 이에 힘입어 2006년 하노이에 한국문화원이 개설됐고 2012년에는 호찌밍에 한국교육원이 개설되었습니다. 이러한 한류의 흐름에 따라 CJ E&M은 베트남 현지 파트너사와 함께 작품을 만들기 시작했고 현지에서 큰 성공을 거두었습니다. 대표적인 작품으로는 베트남 국영 방송국 VTV와 함께 만든 청춘 드라마 <Tuổi thanh xuân(오늘도 청춘)>, 그리고 한국의 '수상한 그녀'와 '써니'를 리메이크 한 <Em là bà nội của anh(내가 니 할매다)>과 <Tháng năm rực rỡ(Go go sisters, 고고시스터즈)>가 있습니다. 내용은 원작과 크게 다르지 않지만 <Em là bà nội của anh>은 코미디 장르가 강세인 베트남 상황에 맞게 조연 배우들을 실제 코미디언으로 캐스팅하였고, <Tháng năm rực rỡ>에서는 팝송 대신 70년대 베트남 히트곡이을 사용하는 등 베트남 상황에 맞게 설정을 바꾸었습니다.

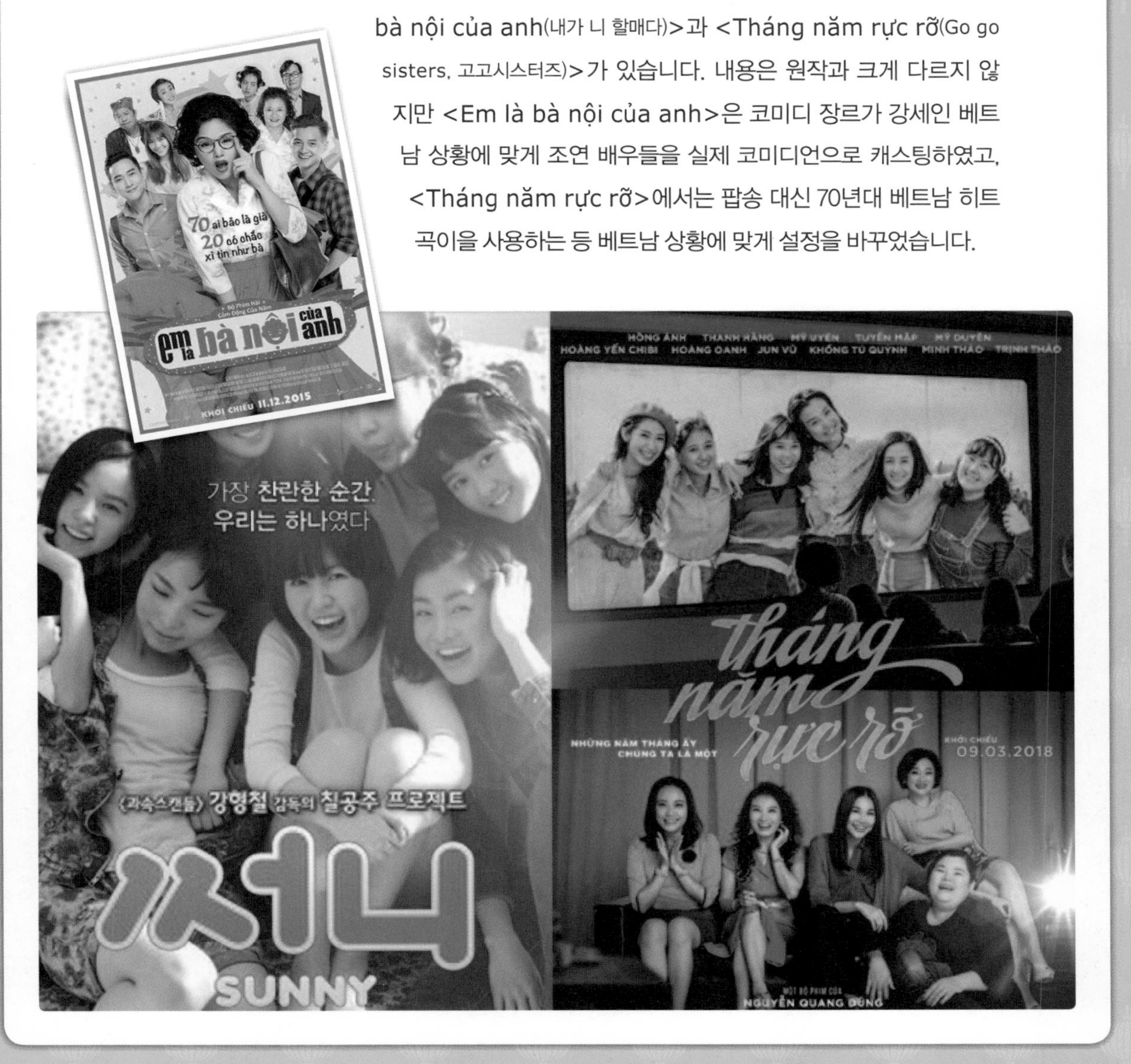

Ngày 12

Cam này giá bao nhiêu 1 kg?

이 오렌지는 1kg에 얼마인가요?

월 일

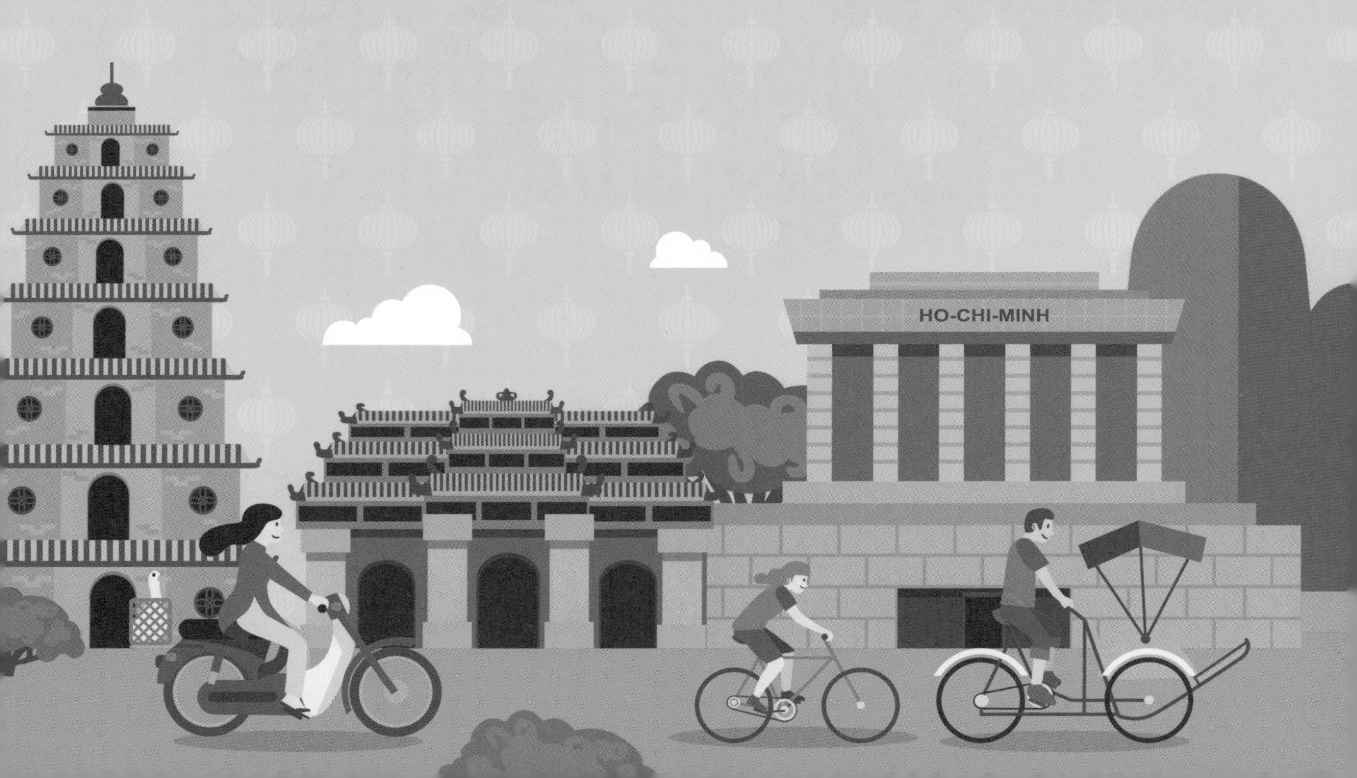

MP3와 강의를 들어 보세요

공부 순서

동영상 강의

본책

복습용 동영상

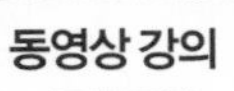

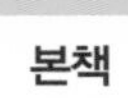

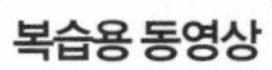

단어장

단어 암기 동영상

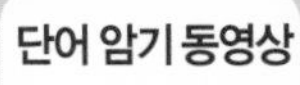

핵심 문장 익히기

MP3 12-01 들어 보기 MP3 12-02 회화 훈련

1

A Cam này giá bao nhiêu 1 kg?

이 오렌지는 1kg에 얼마인가요?

B Cam này giá 35.000 đồng 1 kg.

이 오렌지는 1kg에 35,000동이에요.

★ 가격 묻기 1

가격을 묻는 표현으로는 giá(가격)와 bao nhiêu를 결합한 '~ giá bao nhiêu?(~의 가격은 얼마입니까?)'가 있습니다. 물건의 단위는 문장 마지막에 위치합니다.

1	질문 주어 + giá bao nhiêu? 예 Cái áo màu xanh kia giá bao nhiêu? 저 초록색 옷은 얼마입니까?
	대답 주어 + 가격. 예 Cái đó giá 150.000 đồng. 그것은 150,000동입니다.
2	질문 주어 + giá bao nhiêu + 단위? 예 Quả táo này giá bao nhiêu 1 kg? 이 사과는 1kg에 얼마입니까?
	대답 주어 + 가격 + 단위. 예 Quả táo này giá 35.000 đồng 1 kg. 이 사과는 1kg에 35,000동입니다.

→ 숫자 11~100 194쪽

단어

cam 오렌지
giá 가격
xanh 푸른, 초록
tranh 그림
xoài 망고

① A: Tranh này ________ ________ ________? 이 그림은 얼마인가요?
B: Tranh này giá 450.000 đồng. 이 그림은 450,000동입니다.

② A: Xoài kia ________ ________ ________ 1 kg?
저 망고는 1kg에 얼마인가요?
B: Xoài kia giá 70.000 đồng 1 kg. 저 망고는 1kg에 70,000동입니다.

정답
① giá bao nhiều
② giá bao nhiêu

MP3 12-03 들어 보기 MP3 12-04 회화 훈련

2

A Áo màu trắng kia bao nhiêu tiền?

저 하얀색 옷은 얼마인가요?

B Áo màu trắng kia 350.000 đồng.

저 하얀색 옷은 350,000동이에요.

★ 가격 묻기 ②

가격을 묻는 다른 표현으로는 tiền(돈)과 의문사 bao nhiêu를 결합한 '~ bao nhiêu tiền?(~은/는 얼마입니까?)'이 있으며, 물건의 단위는 문장 마지막에 위치합니다. giá와 tiền을 함께 써서 'giá bao nhiêu tiền?(돈(가격)이 얼마입니까?)'이라고 물을 수도 있습니다. 대답할 땐 bao nhiêu 자리에 가격을 넣고 화폐 단위를 그 다음에 쓰면 됩니다.

예 A: Cái đồng hồ này giá bao nhiêu tiền? 이 시계는 얼마인가요?
B: Cái này giá 650.000 đồng. 이 시계는 650,000동입니다.

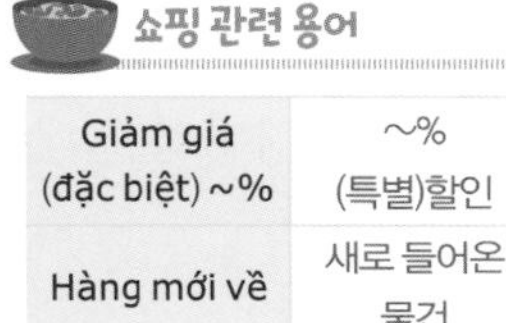

쇼핑 관련 용어

Giảm giá (đặc biệt) ~%	~% (특별)할인
Hàng mới về	새로 들어온 물건
Mua 1 tặng 1	1개 사면 1개는 공짜
Bán hết rồi	품절
Bán đúng giá	정가 판매
Khuyến mãi	프로모션

단어

trắng 흰, 새하얀
(đôi) giày 신발
chôm chôm 람부탄

공부한 내용을 확인해 보세요!

❶ A: Đôi giày kia _____ _____ _____?
저 신발은 얼마인가요?

B: Đôi giày ấy 200.000 đồng. 그것은 200,000동입니다.

❷ A: Chôm chôm này _____ _____ _____ tiền 1 kg?
이 람부탄은 1kg에 얼마인가요?

B: Chôm chôm này 70.000 đồng 1 kg?
이 람부탄은 1kg에 70,000동입니다.

정답
① bao nhiêu tiền
② giá bao nhiêu

MP3 12-05 들어 보기　MP3 12-06 회화 훈련

3

A Chị mua mấy cái bút? 누나는 펜 몇 개를 샀나요?

B Chị mua 3 cái bút màu đen.
나는 검은색 펜 3개를 샀어.

★ mấy/bao nhiêu + 명사

전체적인 수량을 물을 때 사용하며, 의문사 자리에 알맞은 수량을 넣어 대답합니다. 앞서 배운 것처럼 10 이하의 수에는 mấy를, 11 이상의 수에는 bao nhiêu를 사용합니다.

có	질문 주어 + có mấy/bao nhiêu + 명사? 예 Lớp em có bao nhiêu học sinh? 너희 반에는 학생이 몇 명이니?
	대답 주어 + có + 수량 + 명사. 예 Lớp em có 35 học sinh. 저희 반에는 학생이 35명 있어요.
동사	질문 주어 + 동사 + mấy/bao nhiêu + 명사? 예 Chị mua mấy quyển sách? 누나/언니는 책 몇 권 샀어요?
	대답 주어 + 동사 + 수량 + 명사. 예 Tôi mua 3 quyển sách. 나는 책 3권을 샀어.

★ 분류사와 수식어의 어순

분류사와 수식어가 함께 쓰일 때의 어순은 수식어의 기능에 따라 '분류사 + 명사 (+지시형용사) + 수식어' 또는 '분류사 + 명사 + 수식어 + 지시형용사'입니다.

예 Con chó này dễ thương. 이 개는 귀엽다.
Cái bút màu trắng này của tôi. 이 하얀색 펜은 내 것이다.

đen 검은
có 있다, 존재하다
học sinh 학생
quyển vở 공책
bông hoa 꽃

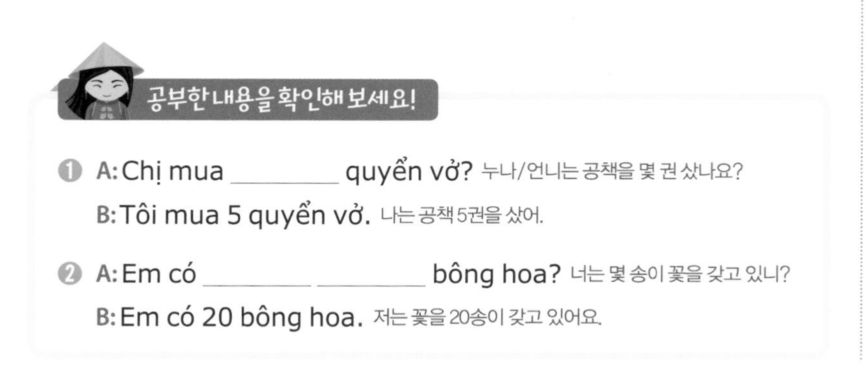

① A: Chị mua ________ quyển vở? 누나/언니는 공책을 몇 권 샀나요?
B: Tôi mua 5 quyển vở. 나는 공책 5권을 샀어.

② A: Em có ________ ________ bông hoa? 너는 몇 송이 꽃을 갖고 있니?
B: Em có 20 bông hoa. 저는 꽃을 20송이 갖고 있어요.

① mấy
② bao nhiêu

MP3 12-07 들어 보기 MP3 12-08 회화 훈련

A Trong số các em, những ai là người nước ngoài? 너희들 중에 누가 외국인이니?

B 3 bạn này là người Hàn Quốc và 2 bạn kia là người Mĩ.

이 세 친구는 한국 사람이고 저 두 친구는 미국 사람이에요.

★ các과 những

các과 những은 보통 복수명사 앞에 오며, 개별 요소가 아닌 그룹에 대해 이야기할 때 사용합니다.

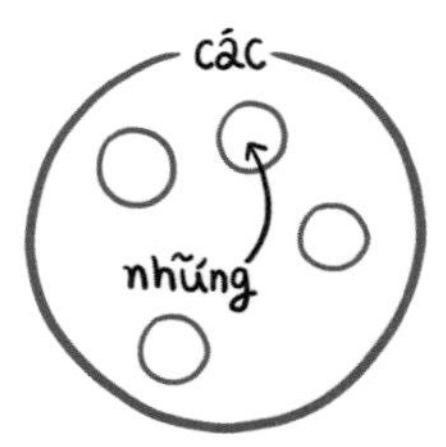

1. các 전체로서의 그룹을 나타내며, 전체 그룹 내 각각의 멤버도 표현합니다.
   - 예 Các học sinh đang ngồi học bài. 학생들이 앉아서 공부하고 있다.
     Các món ăn Việt Nam đều ngon. 베트남 음식은 모두 맛있다.
2. những 전체로서의 그룹이 아닌 다른 그룹들 사이에서 특정한 그룹을 나타내거나 두 그룹 사이의 차이를 표현합니다.
   - 예 Những sinh viên năm thứ 2 và những sinh viên năm thứ 3 đang thi.
     2학년 대학생과 3학년 대학생들은 시험을 보고 있다.
     Những sinh viên nào hôm qua không đi học sẽ gặp tôi ở văn phòng.
     어제 학교에 오지 않은 학생들은 교무실에서 나를 만나야 한다.

공부한 내용을 확인해 보세요!

① Chào ________ em. ________ em ngồi đây.
여러분, 안녕하세요. 여기 앉으세요.

② Trong số các bạn, ________ ai là người Hà Nội?
너희들 중 누가 하노이 사람이니?

단어

người nước ngoài 외국인
ngồi 앉다
học bài 공부하다
đều 모두, 전부
năm thứ ~ ~학년
thi 시험
văn phòng 사무실

정답
① các, Các
② những

MP3 12-09 들어 보기 MP3 12-10 회화 훈련

Cái áo này đẹp quá!
Chị có thích không?

Không,
chị thích cái áo màu tím kia kìa.

Nhưng em thấy[1] màu xanh đẹp hơn.

Đấy cũng là hàng giảm giá à?

Dạ, giá rẻ lắm. Áo màu xanh và áo màu tím bằng tiền nhau. Hay là[2] chị mua 2 cái.

Chị không đủ tiền.
Chị mua 1 cái thôi[3].

단어

tím 보라색
giảm giá 가격을 깎다, 할인하다
kia kìa 저쪽에, 저 건너편에
rẻ 값싼, 저렴한
hàng 물건, 상품
đủ 충분한

링	이 옷 정말 예뻐요! 언니 마음에 들어요?
호아	아니, 나는 저쪽에 있는 보라색이 좋아.
링	그런데 저는 초록색이 더 예뻐 보여요.
호아	그것 또한 세일 제품이야?
링	네, 매우 저렴해요. 초록색 옷과 보라색 옷은 같은 가격이에요. 아니면 언니는 둘 다 사세요.
호아	나는 돈이 충분하지 않아. 하나만 살래.

회화 Tip

❶ '보다', '보이다'의 의미 외에 cảm thấy(느끼다)의 형태로 감정을 나타낼 때도 사용합니다.

❷ '또는', '혹은'의 의미로 선택을 나타낼 때 사용하며 같은 의미로 hoặc, hay가 있습니다. hoặc은 평서문에서 사용되고 hay는 선택적 의문문에서 사용됩니다. 여기에서 hay là는 hay와 같은 뜻으로 사용되며, 어떠한 상황에서 대안을 제시할 때는 '아니면'의 의미로 사용됩니다.

❸ '단지 ~이다', '다만 ~이다'의 의미로, 범위를 확정하고 대상의 유일함을 표현할 때 사용합니다. chỉ(단지, 다만)와 함께 'chỉ ~ thôi'로 쓰이기도 하는데, 이때 chỉ는 동사 앞에 위치하고 thôi는 문장 끝에 위치합니다. thôi를 생략하고 'chỉ ~'로만 쓰이기도 합니다.

실력확인 연습문제

1 빈칸에 들어갈 말을 적고, 소리 내어 말해 보세요.

1 Túi xách này ________ ________ ________ 1 cái ạ?

이 가방 한 개는 얼마인가요?

2 Ôi, cái áo này đẹp quá. ________ ________ tiền?

우와, 이 옷 매우 예쁘네요. 얼마인가요?

3 Chị sẽ đi du lịch ________ ngày? 누나/언니는 며칠 여행 가세요?

2 빈칸에 들어갈 알맞은 말을 고르세요.

1 A: Cam này ________ bao nhiêu 1 kg? 이 오렌지는 1kg에 얼마입니까?

B: Cam này 50.000 đồng 1 kg. 이 오렌지는 1kg에 50,000동입니다.

① có ② giá ③ mấy ④ tiền

2 Trong ________ ngoại ngữ tôi thích tiếng Việt nhất.

외국어들 중 나는 베트남어를 가장 좋아한다.

① những ② một số ③ các ④ vài

3 A: Từ Hà Nội đến Sài Gòn ________ km? 하노이에서 사이곤까지 몇 km입니까?

B: Từ Hà Nội đến Sài Gòn khoảng 1.600 km.

하노이에서 사이곤까지 약 1,600km입니다.

① lên ② mấy ③ khoảng ④ bao nhiêu

정답
1 1. giá bao nhiêu 2. Bao nhiêu 3. mấy
2 1. ② 2. ③ 3. ④

베트남의 예술가

Trịnh Công Sơn(찡 꽁 썬, 1939년 2월 28일 ~ 2001년 4월 1일)

찡 꽁 썬은 베트남의 유명한 음악가, 작곡가, 화가이자 시인이며, 베트남 현대 음악에 있어 중요한 인물입니다. 그의 노래 중 다수는 사랑에 관한 노래이고, 나머지는 반전(反戰) 노래들로 베트남 전쟁 중 만들어진 것들입니다. Khánh Ly(카잉 리)와 Hồng Nhung(홍 늉)을 포함한 현대의 여러 공연자들이 찡 꽁 썬의 음악을 재해석하고 있습니다.

Đặng Thái Sơn(당 타이 썬, 1958년 7월 2일 ~)

당 타이 썬은 베트남의 피아니스트로 1980년 바르샤바에서 열린 쇼팽 국제 피아노 콩쿠르에서 아시아인 최초로 우승하였습니다. 베트남 전쟁을 거치면서도 피아노를 포기하지 않았던 그는 1974년 베트남을 방문한 러시아의 피아니스트 아이작 카츠의 눈에 들어 러시아로 유학을 가 모스크바 음악원에서 공부하게 됩니다. 1980년 쇼팽 국제 콩쿠르에서 우승하였을 때 그는 "동양 사람도 쇼팽을 아름답게 연주할 수 있다는 사실을 음악의 본고장 사람들 앞에서 보여 주고 싶었다"라고 이야기했습니다.

Bao giờ anh sẽ đi Việt Nam?

언제 베트남에 가세요?

월 일

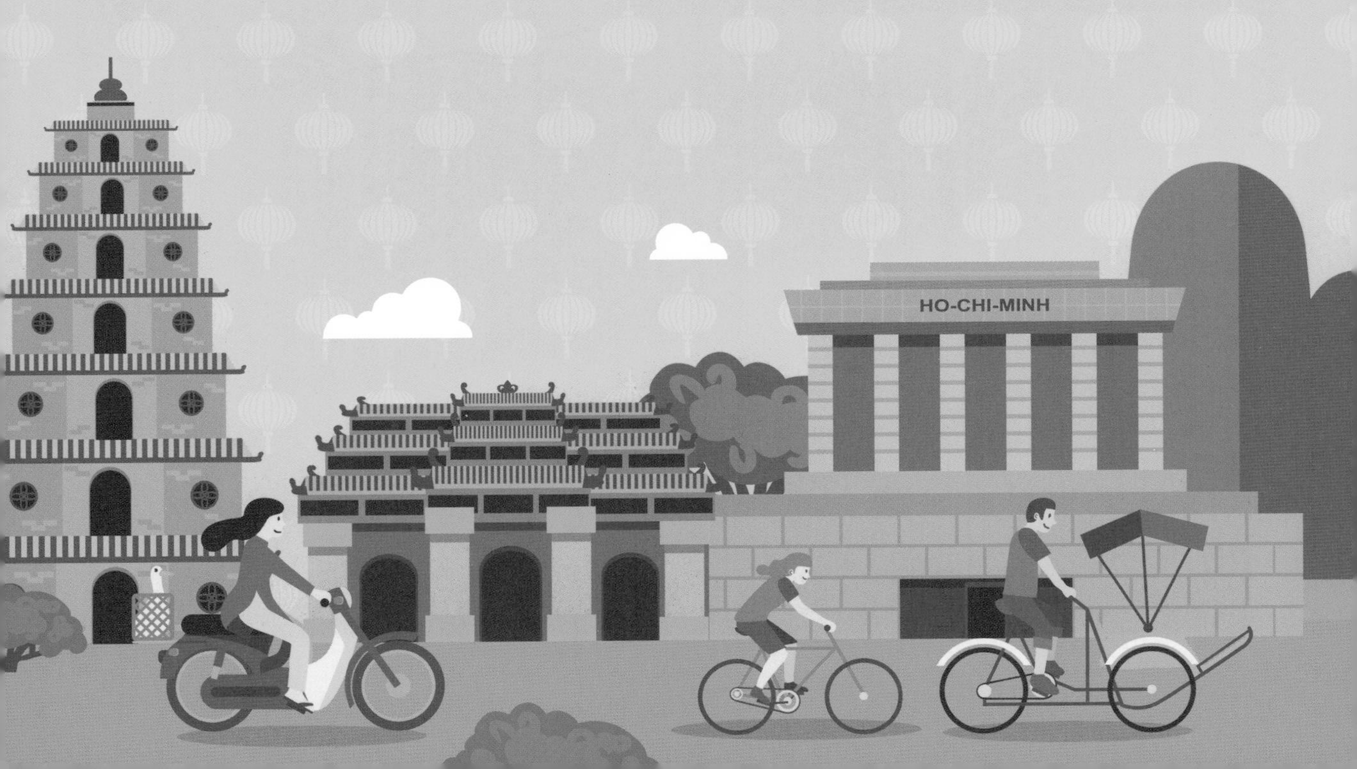

MP3와 강의를 들어 보세요

동영상 강의

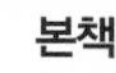

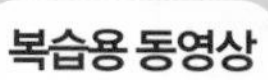

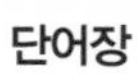

핵심 문장 익히기

MP3 13-01 들어 보기 MP3 13-02 회화 훈련

1

A Bao giờ anh sẽ đi Việt Nam?

오빠는 언제 베트남에 가세요?

B Tháng sau anh sẽ đi Việt Nam.

나는 다음 달에 베트남에 갈 거야.

★ 예정 시간 묻기 1

bao giờ는 '언제'라는 뜻의 의문사로 문장 앞에 위치하여 앞으로 일어날 사건의 시간을 묻는 표현이 됩니다. 미래 시제 sẽ(~할 것이다)와 함께 사용할 수 있습니다. 의문사 자리에 해당하는 시간을 넣어 대답합니다.

질문 Bao giờ + 주어 (+ sẽ) + 동사?

예 Bao giờ **anh** (**sẽ**) **về nước?** 언제 형/오빠는 귀국하세요?

대답 시간 + 주어 (+ sẽ) + 동사.

예 Ngày 13 tháng này **tôi** (**sẽ**) **về nước.** 이번 달 13일에 나는 귀국해.

★ 예정 시간 묻기 2

khi nào, lúc nào, ngày nào 등도 '언제'라는 의미로, bao giờ와 바꿔 쓸 수 있습니다. 이 중 lúc nào는 더 구체적인 시점을 물어볼 때 사용합니다.

예 **A:** Khi nào **chị học tiếng Anh?** 언제 누나/언니는 영어 공부를 하세요?
B: Thứ hai tuần sau **tôi học tiếng Anh.** 다음 주 월요일에 나는 영어 공부를 할 거야.

단어

về nước 귀국하다
đi du học 유학 가다

공부한 내용을 확인해 보세요!

A: ________ ________ bạn đi du học Mĩ? 언제 미국으로 유학 가?
B: Tháng 7 năm nay tớ đi Mĩ. 올해 7월에 미국에 갈 거야.

정답

Bao giờ

MP3 13-03 들어 보기 MP3 13-04 회화 훈련

2

A Chị đã đi Mĩ khi nào? 누나는 언제 미국에 갔어요?

B Chị đã đi Mĩ tháng trước. 나는 지난달에 미국에 갔어.

★ 과거 시간 묻기 ①

khi nào가 문장 마지막에 위치하면 이미 일어난 사건의 시간을 묻는 표현이 됩니다. 과거 시제 đã(이미 ~했다)와 함께 사용할 수도 있습니다. 의문사 자리에 해당하는 시간을 넣어 대답합니다.

예 A: Em (đã) gặp cô Mai khi nào? 너는 언제 마이 선생님을 만났니?
B: Em (đã) gặp cô Mai vào thứ sáu tuần trước. 저는 지난 금요일에 마이 선생님을 만났어요.

★ 과거 시간 묻기 ②

과거를 물을 때도 미래를 물을 때와 마찬가지로 bao giờ, lúc nào, ngày nào 등을 사용할 수 있습니다.

질문 주어(+đã)+동사+bao giờ?

예 Chị (đã) đi du lịch Pháp bao giờ? 누나/언니는 언제 프랑스 여행을 갔어요?

대답 주어(+đã)+동사+과거 시간.

예 Tôi (đã) đi du lịch Pháp vào 2 tuần trước. 나는 2주 전에 프랑스 여행을 갔어.

A: Em thi môn tiếng Anh ________ ________?
너는 영어 시험을 언제 봤니?

B: Em thi môn tiếng Anh hôm qua. 저는 영어 시험을 어제 봤어요.

단어

tháng trước 지난달
đi du lịch 여행 가다
tuần trước 지난주
môn 과목

정답

bao giờ

MP3 13-05 들어 보기 MP3 13-06 회화 훈련

3

A Cậu đã ăn bánh xèo bao giờ chưa?

너는 바잉 쌔오를 먹어 봤니?

B Rồi. Tớ đã ăn bánh xèo rồi.

응. 나는 바잉 쌔오를 먹어 봤어.

★ ~ bao giờ chưa?

경험을 묻는 표현으로 '~해 본 적이 있습니까?'로 해석합니다. 긍정의 대답은 rồi, 부정의 대답은 chưa입니다.

질문 주어 (+ đã) + 동사 + bao giờ chưa?
= 주어 (+ đã) + bao giờ + 동사 + chưa?

예 Anh (đã) đi Sapa bao giờ chưa? 형/오빠는 사파에 가 본 적이 있습니까?
= Anh (đã) bao giờ đi Sapa chưa?

긍정 Rồi. 주어 (+ đã) + 동사 rồi.

예 Rồi. Tôi (đã) đi rồi. 응. 나는 가 본 적이 있어.

부정 Chưa. 주어 + chưa bao giờ + 동사.
= Chưa. 주어 + chưa + 동사 + bao giờ.

예 Chưa. Tôi chưa bao giờ đi Sapa. 아니. 나는 아직 사파에 가 보지 못했어.
= Chưa. Tôi chưa đi Sapa bao giờ.

왕초보 탈출 팁

'~ bao giờ chưa?'는 'đã ~ chưa?(~했습니까?)'와 유사합니다. 하지만 'đã ~ chưa?'는 행동의 발생 여부를 묻는 표현으로 일반적으로 그 행동이 언젠가는 일어날 것을 전제로 하기 때문에 두 표현은 차이가 있습니다.

❶ Tôi ________ ________ ________ đi Việt Nam.
나는 베트남에 가 본 적이 없다.

❷ A: Anh ăn món ăn Hàn Quốc ________ ________ ________?
형/오빠는 한국 음식 먹어 본 적 있어요?

B: Rồi. Tôi đã ăn rồi. 응. 나는 먹어 봤어.

단어

món ăn 음식

정답
① chưa bao giờ
② bao giờ chưa

MP3 13-07 들어 보기 MP3 13-08 회화 훈련

4

A Anh đi vịnh Hạ Long lần nào chưa?

오빠는 하롱베이에 가 본 적이 있나요?

B Rồi. Tôi đi vịnh Hạ Long mấy lần rồi. 응. 나는 하롱베이에 몇 번 가 봤어.

★ ~ lần nào chưa?

경험의 횟수를 묻는 표현으로 '~을/를 몇 번 해 본 적이 있습니까?'로 해석합니다. lần은 '횟수', '번'을 의미하며 경험의 횟수를 이야기할 때는 '숫자 + lần'을 사용합니다. mấy lần(몇 번)이나 nhiều lần(여러 번) 등을 사용할 수도 있습니다. 긍정의 대답은 rồi이고 경험의 횟수를 넣어 답할 수 있으며, 부정의 대답은 chưa입니다.

질문 주어 (+ đã) + 동사 + lần giờ chưa?
= 주어 (+ đã) + lần nào + 동사 + chưa?

예 Anh (đã) ăn món ăn Việt Nam lần nào chưa? 형/오빠는 베트남 음식을 먹어 본 적이 있어요?
= Anh (đã) lần nào ăn món ăn Việt Nam chưa?

긍정 Rồi. 주어 (+ đã) + 동사 (+ 횟수) + rồi.

예 Rồi. Tôi (đã) ăn (nhiều lần) rồi. 응. 나는 (여러 번) 먹어 봤어.

부정 Chưa. 주어 + chưa lần nào + 동사.
= Chưa. 주어 + chưa + 동사 + lần nào.

예 Chưa. Tôi chưa lần nao ăn món ăn Việt Nam. 아니. 나는 베트남 음식을 먹어 본 적이 없어.
= Chưa. Tôi chưa ăn món ăn Việt Nam lần nào.

공부한 내용을 확인해 보세요!

나는 란 누나/언니를 세 번 만난 적이 있다.

→ ________________________________

단어

vịnh 만(灣)
lần ~회, ~번

정답

Tôi đã gặp chị Lan 3 lần rồi.

도전! 실전 회화

MP3 13-09 들어 보기 MP3 13-10 회화 훈련

Nghỉ hè này bạn định[1] đi đâu không?

Tớ định đi du lịch Hội An với gia đình.
Cậu đã đi Hội An bao giờ chưa?

Tớ đã đi hai lần rồi.

Hình như[2] món ăn nổi tiếng của Hội An là Cao Lầu phải không?

Đúng rồi. Gần nhà tớ có một nhà hàng Cao Lầu.
Cậu muốn đi ăn thử[3] không?

Thích quá, cuối tuần đi nhé!

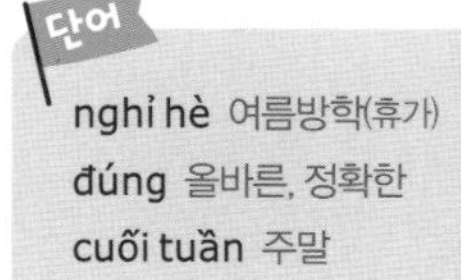

단어

nghỉ hè 여름방학(휴가)	định ~할 예정이다	nổi tiếng 유명한
đúng 올바른, 정확한	gần 가까운	nhà hàng 식당
cuối tuần 주말		

링	이번 여름 방학에 너는 어디를 갈 예정이야?
지성	나는 가족과 함께 호이안으로 여행 갈 예정이야. 너는 호이안에 가 본 적 있어?
링	나는 두 번 가 봤어.
지성	아마도 호이안의 유명한 음식은 까오 러우 맞지?
링	맞아. 우리 집 근처에 까오 러우 식당이 있어. 먹어 보고 싶니?
지성	좋아, 이번 주말에 가자!

회화 Tip

❶ '~할 예정이다', '~할 계획이다'의 의미로 막연한 상태가 아닌 실행 가능성이 높은 계획을 내포하고 있습니다. đã와 함께 쓰여 과거를 표현할 때는 '~할 예정이었으나 실행하지 못했다'라는 뜻이 됩니다.

❷ '마치 ~인 것 같다'의 의미로 문장 앞에 위치하여 어떠한 사실에 대한 추측을 표현할 때 사용합니다.

❸ 동사 뒤에 쓰여서 '~해 보다', '시도하다'의 의미입니다. '동사 + thử'뿐만 아니라 xem과 함께 사용되어 '동사 + xem', '동사 + thử xem', 'thử + 동사 + xem'으로도 사용될 수 있습니다.

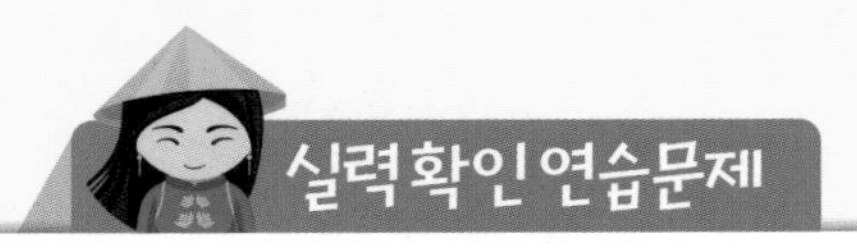

1 빈칸에 들어갈 말을 적고, 소리 내어 말해 보세요.

1 A: Anh đã ăn nước mắm Việt Nam ________ ________ ________? 형/오빠는 베트남 느억 맘을 먹어 본 적이 있어요?

B: Rồi, ngon lắm! 응, 매우 맛있어!

2 A: ________ ________ chị về nước? 누나/언니는 언제 귀국하세요?

B: Sáng mai tôi về nước. 내일 아침에 나는 귀국해.

3 A: Em làm bài tập ________ ________? 너는 언제 숙제를 다 했니?

B: Em làm bài tập hôm qua. 저는 어제 숙제를 다 했어요.

2 빈칸에 들어갈 알맞은 말을 고르세요.

1 A: Cậu đi Nha Trang ________? 너는 냐짱에 가 본 적이 있어?

B: Tớ đã đi 3 lần rồi. 나는 세 번 가 봤어.

① đã ② khi nào ③ bao nhiêu ④ lần nào chưa

2 A: Bao giờ em đi Việt Nam? 언제 너는 베트남에 가니?

B: ________ ạ. 내일 갑니다.

① hôm qua ② không đi ③ ngày mai ④ tuần trước

3 A: Em đã ________ đọc truyện <Dế mèn phiêu lưu kí> chưa? 너는 〈귀뚜라미 표류기〉를 읽어 봤니?

B: Chưa ạ. 아니요.

① có ② bao giờ ③ mấy lần ④ tại sao

정답 1 1. bao giờ chưa 2. Bao giờ 3. khi nào
2 1. ④ 2. ③ 3. ②

좋아하는 스포츠

베트남 사람들이 가장 좋아하는 스포츠로는 축구를 꼽을 수 있습니다. 국내외 축구 시합이 있는 날에는 거의 모든 국민들이 집이나 카페의 TV 앞에 모여 자신이 좋아하는 팀을 응원하는 모습을 볼 수 있습니다. 또한 길거리에 약간의 공터만 있으면 몇 명이 모여 축구를 하는 모습도 쉽게 볼 수 있습니다. 2018 AFC(아시아축구연맹) U-23에서 베트남을 준우승으로 이끌고, 2018년 인도네시아 자카르타에서 개최된 아시안게임에서 베트남을 4강전에 오르게 한 박항서 감독의 인기는 연예인 못지않을 정도입니다.

축구 외에 테니스, 배드민턴, 탁구 등도 베트남인들이 즐기는 스포츠이며, 태권도 또한 전국적으로 널리 보급되어 있습니다. 또한 최근에는 골프에 대한 관심도 증가하고 있는 추세입니다.

Ngày 14

Tôi có thể nói được tiếng Việt.

나는 베트남어를 말할 수 있습니다.

월 일

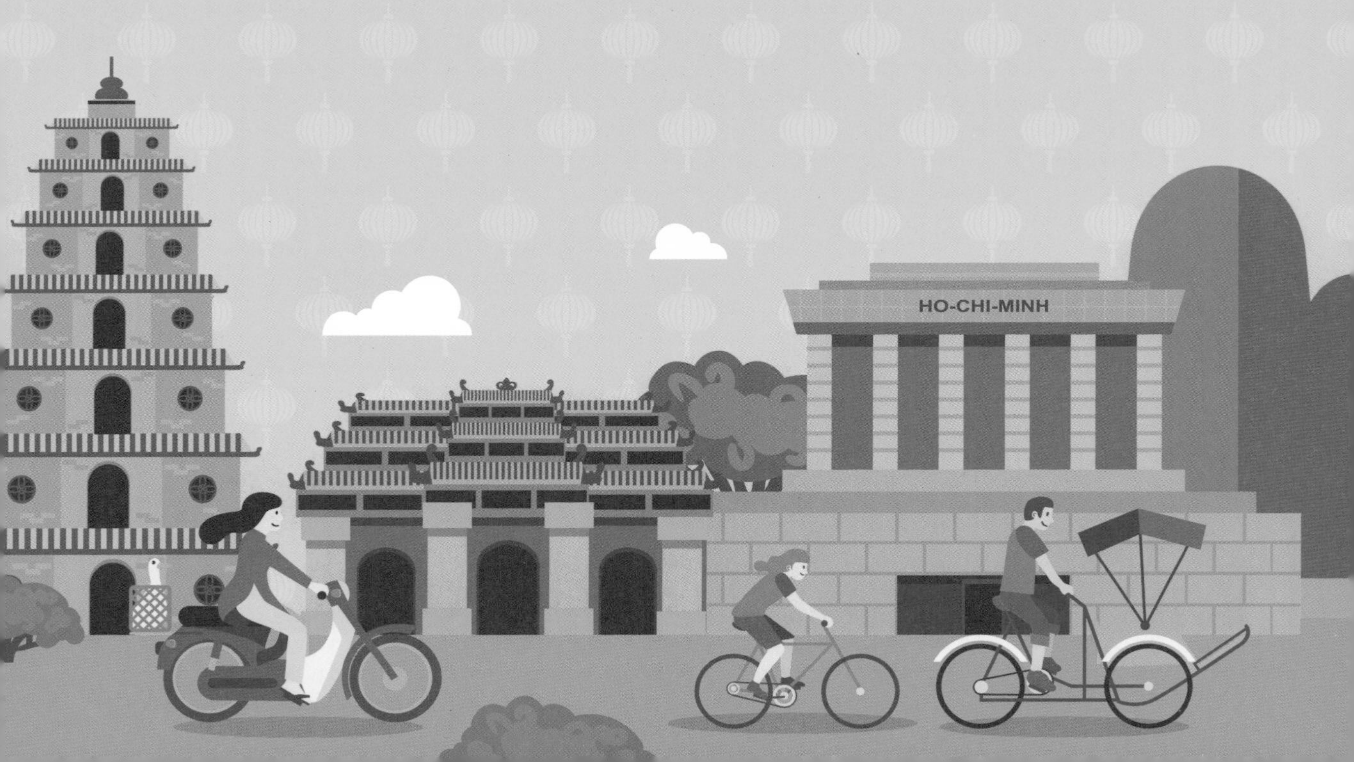

MP3와 강의를 들어 보세요

동영상 강의

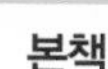

본책

복습용 동영상

단어장

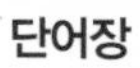

단어 암기 동영상

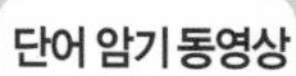

MP3 14-01 들어 보기 MP3 14-02 회화 훈련

1 Tôi có thể ăn cay được. 나는 매운 것을 먹을 수 있습니다.

★ 주어 + có thể + 동사 + được

'~할 수 있다'의 의미로 가능성 및 능력을 나타내는 표현입니다. có thể는 문장의 시작 부분이나 동사 앞에 위치하며, được은 동사, 목적어 뒤에 위치합니다. có thể와 được 중 하나만 써도 뜻은 같습니다.

예 Tôi có thể nói được tiếng Việt. 나는 베트남어를 말할 수 있습니다.
= Tôi có thể nói tiếng Việt.
= Tôi nói được tiếng Việt.

왕초보 탈출 팁

có thể만 사용하는 경우에는 어떠한 일이 발생할 가능성을 의미하기도 합니다. 이때는 được을 사용하지 않습니다.

예 Ngày mai trời có thể mưa.
내일 비가 내릴 수 있다.

단어

ăn 먹다
cay 매운
nói 말하다
trời 날씨, 하늘
mưa 비, 비가 내리다
Pháp 프랑스
(con) chim 새

공부한 내용을 확인해 보세요!

❶ Tôi __________ __________ nói tiếng Pháp.
나는 프랑스어를 말할 수 있습니다.

❷ Con chim này nói __________ đấy. 이 새는 말할 수 있어요.

정답
① có thể
② được

MP3 14-03 들어 보기　MP3 14-04 회화 훈련

2 Tôi không thể chạy nhanh được.

나는 빨리 달릴 수 없습니다.

★ 주어 + không (thể) + 동사 + được

'~할 수 없다'의 의미로 불가능을 나타내는 표현입니다. 상대방에게 어떤 행동을 허락하지 않을 때에도 사용됩니다. không thể는 동사 앞에 위치하고, được은 문장 마지막에 위치합니다. 이때 không thể에서 thể를 생략하고 말해도 됩니다.

예 Tôi không (thể) biết bơi được. 나는 수영을 할 줄 모릅니다.

★ 권유의 조동사

nên, cần, phải는 동사 앞에 사용되는 조동사입니다.

1. nên　본인이 생각하는 것이 옳거나 좋다고 생각되어 조언할 때 사용합니다.

예 Em muốn nghiên cứu về Việt Nam thì nên học tiếng Việt.
네가 베트남에 관해 연구하기를 원한다면 베트남어를 공부하는 것이 좋다.

2. cần　'~할 필요가 있다'의 의미로, 어떠한 행동을 해야 할 필요성이 있음을 표현하기 위해 사용합니다.

예 Vì tôi học tiếng Việt nên cần mua một quyển từ điển Việt Hàn.
내가 베트남어를 공부하기 때문에 베-한 사전 한 권을 살 필요가 있습니다.

3. phải　'반드시 ~해야 한다'의 의미로, 어떠한 행동을 반드시 실천해야 함을 강조하기 위해 사용합니다.

예 Chiều nay tôi phải học vì ngày mai có thi.
내일 시험이 있기 때문에 오늘 오후에 반드시 공부해야 합니다.

단어

chạy 달리다
nhanh 빠른
bơi 수영(하다)
nghiên cứu 연구하다
từ điển 사전
vì A nên B A하기 때문에 B하다

공부한 내용을 확인해 보세요!

❶ Bài tập này khó quá! Tớ ________ ________ làm được.
이 숙제 매우 어렵네! 나는 할 수가 없겠어.

❷ Tôi ________ ________ thầy Nam. 나는 남 선생님을 만날 필요가 있어.

정답

① không thể
② cần gặp

MP3 14-05 들어 보기 MP3 14-06 회화 훈련

3

A Cậu có thể đi ăn tối với tớ được không? 나랑 같이 저녁 먹으러 갈 수 있어?

B Được. 응(가능해).

★ ~ được không?

어떠한 행위의 가능 여부를 묻거나 상대의 허락을 구하는 표현으로 '~할 수 있어요?', '~해도 되나요?'로 해석됩니다. 기본 구조는 '주어 + có thể + 동사 + được không?'이지만 có thể나 được 둘 중 하나를 생략해도 됩니다. 이에 대한 긍정의 대답은 Được 또는 Có이고, 부정의 대답은 Không(Không được)입니다.

예 A: Em có thể bơi được không? 너는 수영할 수 있어?
= Em bơi được không?
= Em có thể bơi không?

B: Được. / Có. 네.
Không (được). 아니요.

단어
ăn tối 저녁을 먹다
với 함께, 같이
đá bóng 축구 하다

A: Anh có thể đá bóng ________ ________? 형/오빠는 축구 할 수 있어요?
B: ________. 응.

được không, Được / Có

MP3 14-07 들어 보기 MP3 14-08 회화 훈련

4

A Tôi được mẹ khen. 나는 어머니에게 칭찬을 받았어.

B Tốt quá! Tôi bị mẹ mắng.
좋겠다! 나는 어머니에게 혼났어.

★ 수동 표현

được과 bị는 동사, 형용사 앞에 위치하여 수동의 의미를 나타냅니다. được은 그 행위가 긍정적인 것일 때, bị는 그 행위가 부정적인 것일 때 사용합니다. 이때 '~이다', '~이 아니다' 같은 구조적인 긍정과 부정이 아니라, 동사와 형용사가 가지고 있는 의미 자체가 긍정적인지 부정적인지에 따라 được과 bị를 선택한다는 점을 유의해야 합니다.

긍정 주어 + được (+ 행위의 주체) + 긍정적인 동사/형용사

예 Tôi được (trường) học bổng. 나는 (학교에서) 장학금을 받았다.

부정 주어 + bị (+ 행위의 주체) + 부정적인 동사/형용사

예 Tôi bị (thầy giáo) phê bình. 나는 (선생님에게) 혼났다.

공부한 내용을 확인해 보세요!

❶ Tôi ________ anh ấy tặng đồng hồ. 나는 그에게 시계를 선물받았어.

❷ Em ấy ________ mẹ mắng. 그 아이는 어머니에게 꾸지람을 들었어.

왕초보 탈출 팁

수동태 문장을 능동태로 바꿀 때에는 được과 bị를 삭제한 뒤 주어와 행위의 주체의 위치를 바꿔 주면 됩니다.

예 Em được cô giáo khen.
나는 선생님에게 칭찬을 받았다.
= Cô giáo khen em.
선생님이 나를 칭찬했다.

Tôi bị mẹ mắng.
나는 어머니에게 혼났다.
= Mẹ mắng tôi.
어머니가 나를 혼냈다.

단어

khen 칭찬하다
mắng 혼내다
học bổng 장학금
trường 학교
phê bình 비평하다, 혼내다
tặng 주다, 선물하다
đồng hồ 시계

정답
① được
② bị

MP3 14-09 들어 보기 MP3 14-10 회화 훈련

Hôm nay cậu có thể đi ăn tối với tớ được không?

Không được. Tớ bị mẹ phạt.
Tớ không thể đi ra ngoài được.

Cậu bị phạt đến bao giờ?

Tớ không biết. Mẹ không nói gì cả[1].

Thế tớ đến nhà cậu chơi[2] được không?

Cũng không được. Tớ đang bị phạt mà[3].

Thế tớ gọi điện được không?

Được. Chúng ta đang nói điện thoại mà.

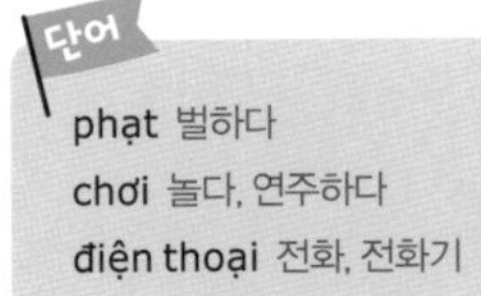

phạt 벌하다
chơi 놀다, 연주하다
điện thoại 전화, 전화기
đi ra ngoài 외출하다
gọi 부르다, 전화하다
đến ~까지, 오다, 가다
nói 말하다, 이야기하다

지성 오늘 나와 함께 저녁 먹으러 갈 수 있어?
링 안 돼. 나 엄마한테 벌받아서 밖에 나갈 수가 없어.
지성 언제까지 벌받는 거야?
링 나도 몰라. 엄마가 전혀 말씀을 안 해 주셨어.
지성 그럼 내가 너희 집으로 놀러 가도 돼?
링 그것도 안 돼. 나 지금 벌받고 있잖아.
지성 그럼 너한테 전화해도 돼?
링 되지. 우리 지금 전화 통화하고 있잖아.

회화 Tip

❶ 'không + 동사/형용사 + gì cả'는 어떠한 행동, 성질, 상태 등을 완전히 부정하는 표현입니다. cả 대신 hết을 쓸 수 있으며 '전혀 ~하지 않는다'라고 해석합니다. 문장에 따라 의문사 gì 대신 ai, đâu 등을 쓸 수 있습니다.

❷ đến과 chơi 사이에 명사(장소)를 넣어 '그 장소로 놀러 가다'라는 뜻이 됩니다.

❸ 문장 마지막에 사용되어 '~잖아'의 의미를 표현합니다. 또한 '그러나', '하지만'의 의미로 사용되기도 하며, 이때는 nhưng과 같은 의미입니다.

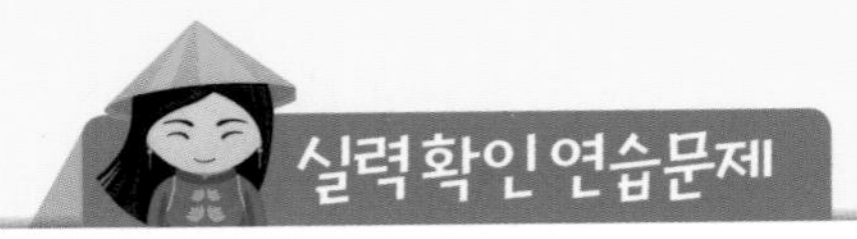

실력확인 연습문제

1 빈칸에 들어갈 말을 적고, 소리 내어 말해 보세요.

1 Tôi đá bóng ________ nhưng ________ ________ đá cầu ________. 나는 축구는 할 수 있으나 제기는 못 찹니다.

*đá cầu 제기 (차다)

2 Chị ấy ________ ________ nói được 3 ngoại ngữ.
그녀는 3개의 외국어를 말할 수 없습니다.

*ngoại ngữ 외국어

3 Hôm qua tôi ________ anh ấy mời xem phim.
어제 나는 그의 초대로 영화를 봤습니다.

2 빈칸에 들어갈 알맞은 말을 고르세요.

1 Hôm nay tôi được cô giáo ________. 어제 나는 선생님께 칭찬을 받았습니다.

① chê ② khen ③ phạt ④ mắng

2 Bài tập này khó quá, tôi ________ hiểu được.
이 숙제는 매우 어려워서 나는 이해할 수 없습니다.

① có ② đã ③ có thể ④ không thể

3 Ngày mai tôi không đi học, tôi ________ đi thăm bà.
내일 나는 학교에 안 가고 할머니를 방문해야 합니다.

*ngoại ngữ 외국어

① có ② đã ③ có thể ④ không

정답 1 1. được, không thể, được 2. không thể 3. được
2 1. ② 2. ④ 3. ③

베트남의 예술마을

Vạn Phúc(반 푹)

반 푹은 하노이에서 남서쪽 방향 8km 정도에 위치한 하 동(Hà Đông)의 비단 생산지로 유명한 마을입니다. 베트남에서 가장 유명한 비단 생산 지역으로, 하노이 주변 많은 수공예 마을 중 가장 발달되어 있어 많은 관광객들이 이곳을 찾습니다. 이곳에서 생산된 물건을 관광객들이 직접 살 수도 있습니다.

Gồm Bát Tràng(곰 밧 짱)

밧 짱(bát은 사발, tràng은 공방을 뜻한다)은 하노이의 자 럼(Gia Lam) 구 내의 오래된 마을입니다. 이 마을은 하노이 시내에서 13km 정도 떨어져 있으며, 자개라 불리우는 특별한 스타일의 도자기를 생산하는 것으로 유명합니다.

Tranh Đông Hồ(짜잉 동 호)

정식 명칭은 '동 호 민속 목판화(Tranh khắc gỗ dân gian Đông Hồ)'로, 베트남 민속화를 만드는 곳입니다. 베트남 사람들의 일상생활을 그린 그림, 새해 복을 기원하는 그림 등을 다양한 기법으로 만들고 있습니다. 동 호 민속화는 유네스코 문화유산 등재를 위해 신청하고 결과를 기다리고 있습니다.

Ngày 15

Từ đây đến chợ Bến Thành đi bằng gì?

여기에서 벤타잉 시장까지 무엇을 타고 가나요?

월 일

MP3와 강의를 들어 보세요

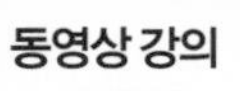

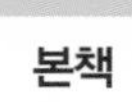

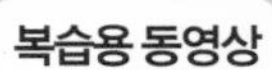

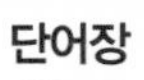

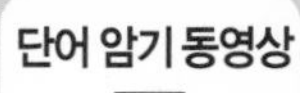

핵심 문장 익히기

MP3 15-01 들어 보기　MP3 15-02 회화 훈련

1 Làm ơn cho em hỏi một chút. Chị có biết Nhà thờ Lớn ở đâu không?

잠시 묻겠습니다. 대성당이 어디인지 아세요?

★ Làm ơn cho em hỏi

làm ơn은 영어의 please처럼 무언가를 부탁할 때 쓰는 관용 표현입니다. 이 뒤에 '~로 하여금 …하게 하다'라는 뜻의 'cho + 주어 + 동사'를 붙여 'Làm ơn cho + 1인칭 + hỏi'라고 하면 상대방에게 예의를 갖춰 질문하거나 도움을 청하는 표현이 됩니다.

★ 길 묻기

1. 'ở đâu' 의문문과 'có ~ không' 의문문이 결합한 '2인칭 + có biết + 장소 + ở đâu không?(~가/이 어디에 있는지 아세요?)'으로 길을 물을 수 있습니다.

예 Chị có biết Nhà thờ Lớn ở đâu không? 대성당이 어디에 있는지 아세요?

2. '~ đi thế nào?'를 사용하여 길을 물을 수도 있습니다. '1인칭 + muốn đi + 장소 + thì đi thế nào?'라고 하면 '내가 ~에 가기를 원한다면 어떻게 가야 하나요?'라는 뜻입니다.

예 Em muốn đi hiệu sách Thăng Long thì đi thế nào?
제가 탕롱 서점을 가기 원하면 어떻게 가야 하나요?

왕초보 탈출 팁

~ thì는 '~(하)면', '~해서'의 의미로, 두 개의 절과 절 또는 두 개의 문장과 문장을 연결해 줄 때 사용합니다.

단어

hỏi 묻다, 질문하다
một chút 잠시, 잠깐
Nhà thờ Lớn 대성당
siêu thị 슈퍼마켓
hiệu thuốc 약국

공부한 내용을 확인해 보세요!

① ________ ________ ________ em hỏi một chút. Anh có ________ siêu thị Lotte ở đâu không?
잠시 묻겠습니다. 롯데슈퍼가 어디인지 아세요?

② Tôi ________ đi hiệu thuốc ________ đi ________ ________?
내가 약국을 가기 원한다면 어떻게 가야 하나요?

정답
① Làm ơn cho, biết
② muốn, thì, thế nào

MP3 15-03 들어 보기 MP3 15-04 회화 훈련

2 Em đi thẳng rẽ phải ở ngã tư đầu tiên là đến.

직진해서 첫 번째 사거리에 이르러 오른쪽으로 돌면 도착이야.

★ 길 관련 표현

아래 표의 표현들을 사용하여 길을 안내할 수 있습니다.

bên phải	오른쪽	sang đường	길을 건너다
bên trái	왼쪽	phía trước	앞쪽, 전면의
rẽ phải	우회전하다	phía sau	뒤쪽, 후면의
rẽ trái	좌회전하다	ngã ba	삼거리
đi thẳng	직진(하다)	ngã tư	사거리
quay lại	돌다		

예 Siêu thị Vina ở bên trái. 비나슈퍼는 왼쪽에 있다.
Phía sau là cửa hàng đồ ăn nhanh. 뒤편에 패스트푸드점이 있다.

★ ~ là đến

'~하면 도착입니다'의 의미로 길을 안내할 때 사용하는 표현입니다.

예 Anh đi thẳng đến ngã ba thì rẽ trái là đến. 직진해서 삼거리에 간 후 좌회전하면 도착입니다.
Chị đi thẳng là đến. 직진하면 도착이에요.

왕초보 탈출 팁

thấy는 '(자연스럽게 보이는 것을) 보다'라는 뜻으로, 길을 알려 줄 때 자주 사용됩니다.

예 Em đi thẳng đến cuối đường này thì sẽ thấy ngân hàng VN.
네가 이 길 끝까지 직진하면 VN은행이 보일 거야.

→ '보다'를 나타내는 다양한 단어 196쪽

단어

đầu tiên 첫째의, 처음의
cửa hàng đồ ăn nhanh 패스트푸드점

❶ Anh đi thẳng đường này thì rẽ phải ________ ________.
이 길로 직진해서 우회전하면 도착이에요.

❷ Chị đến ________ ________ thì ________ ________.
사거리에서 길을 건너세요.

정답
① à đến
② ngã tư, sang đường

MP3 15-05 들어 보기 MP3 15-06 회화 훈련

3

A Từ đây đến chợ Bến Thành đi bằng gì? 여기에서 벤 타잉 시장까지 무엇을 타고 가야 하나요?

B Có thể đi bằng xe buýt hoặc taxi đều được. 버스나 택시를 타면 갈 수 있어요.

★ 수단의 bằng

bằng은 '~만큼', '~같은'이라는 동등 비교의 쓰임 외에 수단이 무엇인지 묻고자 할 때도 사용되며 이때는 '~로', '~로써'라고 해석합니다. 교통수단을 물을 때는 의문사 gì(무엇)을 사용하며, 대답할 때는 의문사 자리에 교통수단을 넣으면 됩니다.

질문 주어 + 동사 + bằng gì?

예 Anh đến trường bằng gì? 학교에 무엇을 타고 오세요?

대답 주어 + 동사 + bằng + 교통수단.

예 Tôi đến trường bằng xe buýt. 버스를 타고 학교에 갑니다.

→ bằng의 쓰임 198쪽

공부한 내용을 확인해 보세요!

A: ________ Nha Trang ________ Hà Nội đi ________ ________?
냐짱에서 하노이까지 무엇을 타고 가나요?

B: ________ Nha Trang ________ Hà Nội đi ________ xe lửa hoặc máy bay đều được.
냐짱에서 하노이까지 기차와 비행기 모두 탈 수 있습니다.

왕초보 탈출 팁

từ A đến B는 'A부터 B까지'의 범위를 나타내며 공간과 시간에 모두 사용할 수 있는 표현입니다.

→ từ A đến B 109쪽

왕초보 탈출 팁

걸어가는 경우에는 bằng을 쓰지 않고 đi bộ(걷다)를 사용하여 표현합니다.

예 Chị Linh thường đi bộ về nhà.
링 누나/언니는 걸어서 집에 갑니다.

단어

xe buýt 버스
đi bộ 걷다, 도보로 가다
xe lửa 기차
máy bay 비행기

정답
Từ, đến, bằng gì
Từ, đến, bằng

MP3 15-07 들어 보기 MP3 15-08 회화 훈련

A Từ nhà em đến trường mất bao lâu? 집에서 학교까지 얼마나 걸리니?

B Khoảng 20 phút bằng xe buýt.
버스로 약 20분 걸려요.

★ ~ bao lâu?

어떠한 행동이 일어날/일어난 기간을 묻는 의문사로 '얼마나 오래', '얼마 동안'의 의미입니다. 의문사 bao lâu 자리에 기간을 넣어 대답하면 됩니다. 미래 시제 sẽ와 과거 시제 đã를 사용하여 시제를 구분할 수 있습니다. 또한 과거 시제 문장 끝에는 완료를 나타내는 rồi를 쓸 수 있고 미래 시제 문장 끝에는 nữa(더)를 쓸 수 있습니다.

과거	질문 주어 (+ đã) + 동사 + bao lâu (rồi)? 예 Anh (đã) học tiếng Hàn bao lâu (rồi)? 형/오빠는 얼마 동안 한국어를 공부했어요?
	대답 주어 (+ đã) + 동사 + 기간 (+ rồi). 예 Tôi (đã) học tiếng Hàn 3 tháng (rồi). 나는 한국어를 배운 지 3개월 되었어.
미래	질문 주어 (+ sẽ) + 동사 + bao lâu (nữa)? 예 Anh (sẽ) ở Hà Nội bao lâu (nữa)? 형/오빠는 얼마 동안 (더) 하노이에 머물 건가요?
	대답 주어 (+ sẽ) + 동사 + 기간 (+ nữa). 예 Tôi (sẽ) ở Hà Nội 6 tháng (nữa). 나는 하노이에 6개월 더 머물 거야.

★ 소요 시간 묻기

bao lâu와 mất(시간이 걸리다, 잃다)가 함께 사용되면 행위의 소요 시간을 묻는 표현이 됩니다. 문장 마지막에 'bằng + 교통수단'을 넣어 함께 사용할 수 있습니다. 또한 '~ mất mấy tiếng?(~는 몇 시간 걸립니까?)', '~ mất mấy phút?(~는 몇 분 걸립니까?)' 등으로 물어볼 수도 있습니다.

질문 Từ A đến B mất bao lâu?

예 Từ nhà anh đến công ti mất bao lâu? 집에서 회사까지 얼마나 걸립니까?

대답 Từ A đến B mất + 소요 시간 (+ 교통수단).

예 Từ nhà anh đến công ti mất 1 tiếng (bằng tàu điện ngầm).
집에서 회사까지 전철로 1시간 걸립니다.

 왕초보 탈출 팁

khoảng은 숫자 앞에 사용되어 명확하지 않은 수량을 나타냅니다. '약', '대략'으로 해석합니다.

 단어

tiếng 시간, 소리, 언어
tàu điện ngầm 전철

도전! 실전 회화

MP3 15-09 들어 보기　MP3 15-10 회화 훈련

Chị ơi từ đây đến bảo tàng lịch sử có xa không?[1]

Không xa lắm. Chỉ khoảng 500m thôi. Em đi qua ngã năm là đến.

Ngã năm ở đâu ạ?

Em đi thẳng qua hiệu kem Tràng Tiền thì sẽ nhìn thấy ngã năm.

Bảo tàng lịch sử ở ngay[2] **đó hả**[3] **chị?**

Không, em phải đi qua đường, rẽ trái, sau đó sang đường một lần nữa là đến.

Em cảm ơn chị ạ.

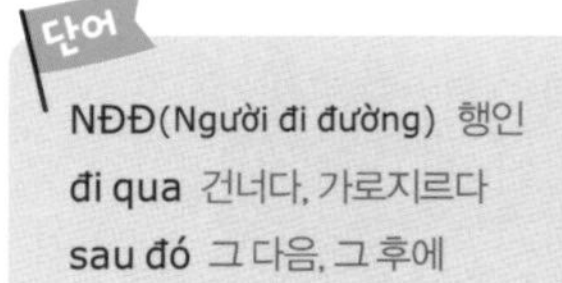

단어

NĐĐ(Người đi đường) 행인　bảo tàng 박물관　lịch sử 역사
đi qua 건너다, 가로지르다　ngã năm 오거리　hiệu kem 아이스크림 가게
sau đó 그 다음, 그 후에　sang 건너다

지성 여기에서 역사박물관까지 먼가요?

행인 멀지 않아요. 단지 약 500m입니다.
오거리를 지나면 도착이에요.

지성 오거리는 어디에 있나요?

행인 짱 띠엔 아이스크림 가게를 지나면 오거리를 볼 수 있어요.

지성 역사박물관은 바로 거기에 있나요?

행인 아니요, 길을 건너서 좌회전하고 그 다음에 한 번 더 길을 건너면 도착이에요.

지성 감사합니다.

회화 Tip

❶ 두 위치 간의 거리를 물어보는 표현으로, '~ bao xa?'도 같은 의미입니다.

❷ 의문문 마지막에 사용되어 친밀함을 나타내는 허사로, 해석은 하지 않습니다. 허사만 단독으로 사용하거나 뒤에 '2인칭', '2인칭 + 이름' 혹은 '이름'을 붙여 사용하기도 합니다.

❸ '바로'의 의미로, 장소나 시간을 나타내는 명사 앞에 쓰이면 그 명사를 강조하는 표현이 됩니다. 또한 동사 뒤에 사용되면 '바로(즉시/당장) ~해야 한다'의 의미가 됩니다.

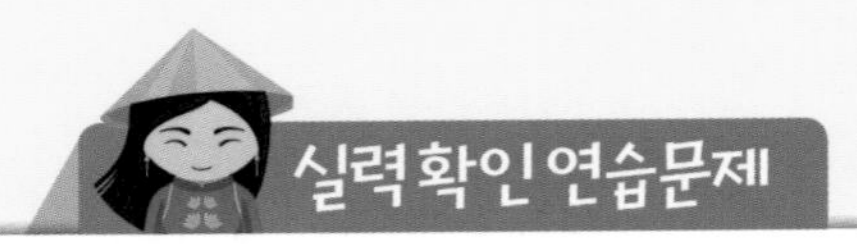

실력확인 연습문제

1 빈칸에 들어갈 말을 적고, 소리 내어 말해 보세요.

1 A: Anh ________ ________ cho hỏi, anh có biết chợ Bến Thành ở đâu không? 잠시 묻겠습니다. 벤 타잉 시장이 어디인지 아세요?

B: Tôi không biết. 모릅니다.

2 A: Em muốn đi thư viện thì đi ________ ________?
도서관에 가려면 어떻게 가야 하나요?

B: Em đi thẳng 300 m ________ đến. 300m 직진하면 도착합니다.

3 A: Hàng ngày em đi học ________ gì? 매일 너는 무엇을 타고 학교에 가니?

B: Em đi ________ xe đạp. 자전거를 타고 갑니다.

2 빈칸에 들어갈 알맞은 말을 고르세요.

1 A: Chợ Đồng Xuân đi thế nào? 동 쑤언 시장은 어떻게 갑니까?

B: Đi thẳng 500 m đến ngã tư thì ________ phải là đến.
500m 직진해서 사거리에 도착해서 우회전하면 도착입니다.

① đi ② rẽ ③ bên ④ quay lại

2 A: Từ đây đến ngân hàng có ________ không?
여기에서 은행까지 멉니까?

B: Không, chỉ 100 m thôi. Đi thẳng là đến.
아니요, 단지 100m입니다. 직진하면 도착입니다.

① xa ② gần ③ bằng ④ được

정답 **1** 1. làm ơn 2. thế nào, là 3. bằng, bằng **2** 1. ② 2. ①

베트남의 교통수단

베트남의 주요 교통수단으로는 오토바이를 꼽을 수 있는데요. 이외에 베트남의 특색 있는 교통수단을 살펴볼까요?

쎄 옴(Xe ôm)

쎄 옴은 미터기가 없는 오토바이 택시입니다. 이전에는 가격 흥정이 어려워 외국인이 이용하기가 쉽지 않았으나, 최근에는 많은 쎄 옴 기사들이 지역정부의 협회에 등록하거나 그랩(Grab) 등의 모바일 어플리케이션과 연계해 승객들에게 향상된 서비스를 제공하기 위해 노력하고 있습니다.

씩 로(Xích lô)

씩 로는 앞에는 손님이 탈 수 있는 좌석이 있고 뒤에는 운전 기사가 탈 수 있는 좌석이 있는 교통수단입니다. 과거에는 베트남 사람들의 주요 교통수단 중 하나였으나 택시와 오토바이, 쎄 옴(Xe ôm) 등의 대중화로 인해 현재는 이용하는 사람이 많지 않습니다. 하지만 현지인 고객의 수는 현저히 줄은 것에 반해, 외국인 관광객들에게는 이색 체험을 할 수 있는 관광상품으로 인기를 끌고 있습니다.

Ngày 16

Vì sao bạn học tiếng Việt?

너는 왜 베트남어를 공부하니?

월 일

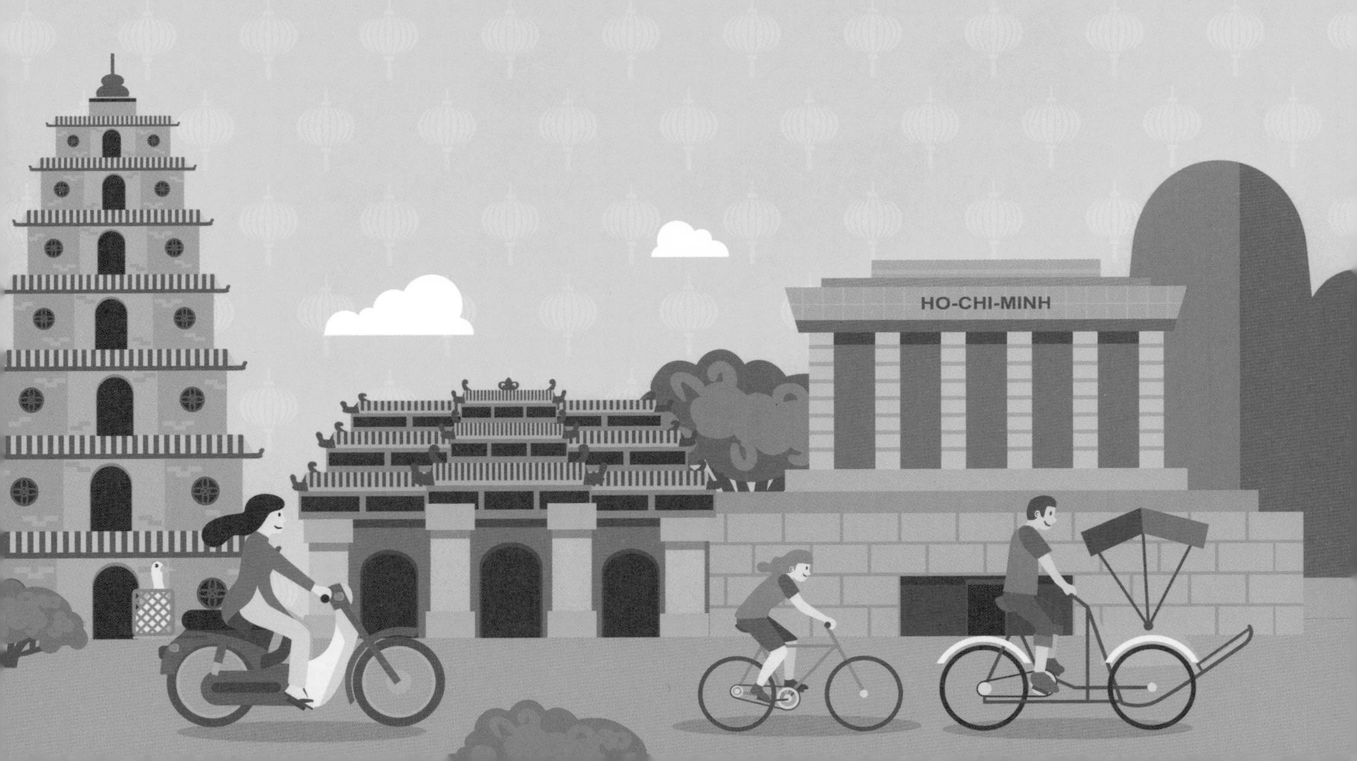

MP3와 강의를 들어 보세요

공부 순서

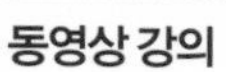

동영상 강의 □□□ → 본책 □□□ → 복습용 동영상 □□□

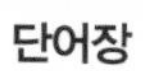

단어장 □□□ → 단어 암기 동영상 □□□

핵심 문장 익히기

MP3 16-01 들어 보기 MP3 16-02 회화 훈련

1

A Vì sao bạn học tiếng Việt?

너는 왜 베트남어를 공부하니?

B Vì tôi muốn nghiên cứu về văn hoá Việt Nam. 베트남 문화에 대해 연구하고 싶어서야.

★ 의문사 vì sao

이유를 묻는 의문사로 '왜'라는 뜻이며 주어 앞에 위치합니다. 대답할 때는 vì(왜냐하면) 뒤에 원인 혹은 이유를 말하면 됩니다. 같은 의미의 의문사로는 sao와 tại sao가 있으며 어순은 다음과 같습니다.

질문	Sao Vì sao + 주어 + 동사? Tại sao	예 Sao Vì sao + cậu không đi chơi với chúng tôi? Tại sao 왜 우리와 함께 놀러 가지 않는 거야?
대답	Vì Bởi vì + 주어 + 동사. Tại vì	예 Vì Bởi vì + tớ có hẹn khác. Tại vì 왜냐하면 내가 다른 약속이 있기 때문이야.

★ về

동사 '돌아오다'의 뜻 외에 전치사로 '~에 대하여'라는 뜻으로 쓰이기도 합니다. về는 명사, 동사 앞에 위치합니다.

예 Tôi nói về món ăn Việt Nam. 나는 베트남 음식에 대해 이야기한다.

공부한 내용을 확인해 보세요!

① A: ________ ________ em đến muộn? 왜 늦었니?
B: ________ em ngủ dậy muộn ạ. 늦게 일어났기 때문입니다.

② A: ________ ________ chị không mua áo này? 왜 옷을 사지 않아요?
B: ________ ________ tôi quên ví. 지갑을 깜빡했기 때문이야.

단어

muốn 원하다, 희망하다
nghiên cứu 연구하다, 조사하다
văn hoá 문화
khác 다른
muộn 늦은
ngủ dậy 일어나다
mua 사다
quên 잊다
ví 지갑

정답

① Vì sao, Vì
② Tại sao, Tại vì

MP3 16-03 들어 보기 MP3 16-04 회화 훈련

2 Vì bị cảm nên tôi không đi học.

감기에 걸렸기 때문에 나는 학교에 가지 않았다.

★ Vì A nên B

이유를 설명하는 vì(~이기 때문에)와 결과를 나타내는 nên(~여서, 그래서)이 결합한 구문으로, 'Vì + 원인 + nên+ 결과' 형태로 원인과 결과를 나타냅니다. 원인과 결과의 주어가 동일한 경우에는 둘 중 하나를 생략할 수 있으며, 문장 시작의 vì 또한 생략할 수 있습니다. 또한 원인과 결과를 나타내는 문장을 결과와 원인의 순서로 바꿀 수 있으며, 이때는 nên을 생략해야 합니다.

예 Vì tôi muốn đi du học ở Việt Nam nên tôi học tiếng Việt.
= Muốn đi du học ở Việt Nam nên tôi học tiếng Việt nên.
나는 베트남으로 유학을 가고 싶기 때문에 베트남어를 공부한다.
= Tôi học tiếng Việt vì muốn đi du học ở Việt Nam.
베트남어를 공부하는 것은 베트남으로 유학을 가기 원하기 때문이다.

 왕초보 탈출 팁

bị cảm은 '감기 걸리다'의 의미입니다. 병의 증상을 이야기할 때는 '안 좋은 것을 얻다'의 의미인 bị를 사용합니다.

→ 병 증상을 묻고 답하기 197쪽

❶ ________ tôi bị lạc đường ________ đến lớp muộn.
나는 길을 잃어버렸기 때문에 수업에 늦었다.

❷ Tôi mua quà cho mẹ ________ ngày mai là sinh nhật của mẹ tôi. 내일이 어머니 생신이기 때문에 어머니께 드릴 선물을 샀다.

 단어

bị cảm 감기 걸리다
lạc đường 길을 잃다
quà 선물
cho ~에게, ~를 위하여

 정답

① Vì, nên
② vì

MP3 16-05 들어 보기　MP3 16-06 회화 훈련

3

A Quyển truyện cổ tích Việt Nam thế nào? 베트남 옛날이야기는 어때?

B Quyển ấy tuy khó đọc nhưng rất thú vị. 그 책은 읽기는 어렵지만 매우 흥미로워.

★ tuy A nhưng B

상반된 의미를 가진 두 문장을 연결하여 '비록 ~하지만 …하다', '~임에도 불구하고 …하다'라는 뜻을 나타냅니다. 같은 의미의 표현으로 mặc dù A nhưng B와 dù A nhưng B가 있습니다. 두 문장의 주어가 같은 경우에는 하나의 주어를 생략해서 표현합니다. 또한 '대립되는 상황에도 불구하고 여전히 ~하다'는 것을 표현하기 위해 nhưng 다음에 vẫn(여전히, 계속)을 사용하기도 합니다.

tuy A nhưng B	예 Tuy tôi bị ốm nhưng vẫn đi làm. 감기에 걸렸지만 여전히 일하러 간다. Tuy quyển sách này hay nhưng đắt quá. 이 책은 재미있지만 매우 비싸다.
mặc dù A nhưng B	예 Mặc dù tôi bị ốm nhưng vẫn đi làm. 감기에 걸렸지만 여전히 일하러 간다. Mặc dù quyển sách này hay nhưng đắt quá. 이 책은 재미있지만 매우 비싸다.
dù A nhưng B	예 Dù tôi bị ốm nhưng vẫn đi làm. 감기에 걸렸지만 여전히 일하러 간다. Dù quyển sách này hay nhưng đắt quá. 이 책은 재미있지만 매우 비싸다.

단어

truyện cổ tích 옛날이야기
khó 어려운, 힘든
bị ốm 아프다
tuyết 눈
rơi 내리다, 떨어지다
hiện đại 현대의, 최신의

❶ ________ ________ tuyết rơi ________ chị ấy vẫn đi tập thể dục. 눈이 왔지만 그녀는 (여전히) 운동하러 갔다.

❷ Máy tính này ________ đắt ________ rất tốt và hiện đại.
이 노트북은 비싸지만 매우 좋고 세련됐어요.

정답

① Mặc dù, nhưng
② tuy, nhưng

MP3 16-07 들어 보기　MP3 16-08 회화 훈련

4

A Bạn học tiếng Việt để làm gì?

너는 무엇을 하기 위해 베트남어를 공부해?

B Tôi học tiếng Việt để đi du học ở Việt Nam.

나는 베트남에 유학 가기 위해 베트남어를 공부해.

★ ~ để làm gì

để는 행동의 목적을 묻는 표현으로 '~하기 위해'로 해석합니다. 대답할 때에는 làm gì(무엇을 하다) 자리에 목적을 넣어 말하면 됩니다.

질문 주어 + 동사 + để làm gì?

예 Chị ấy đi Hà Nội để làm gì? 그녀는 무엇을 하기 위해 하노이에 갑니까?

대답 주어 + 동사 + để + 목적.

예 Chị ấy đi Hà Nội để gặp bạn. 그녀는 친구를 만나기 위해 하노이에 갑니다.

단어

tặng 선물하다

공부한 내용을 확인해 보세요!

A: Em mua sách này ________ ________ ________?
무엇을 하기 위해 이 책을 사니?

B: Em mua sách này ________ tặng anh ấy.
그에게 선물하기 위해 샀어요.

정답

để làm gì
để

도전! 실전 회화

MP3 16-09 들어 보기 MP3 16-10 회화 훈련

Hoa Hai tuần nữa tớ sẽ đi Hàn Quốc.

Hans Thế à? Cậu đi Hàn Quốc để làm gì?

Hoa Tớ đi du học. Tớ sẽ học về luật.

Hans Vì sao cậu quyết định đi du học Hàn Quốc?

Hoa Vì tớ muốn học luật Hàn Quốc để làm việc ở Hàn Quốc.

Hans Cậu sẽ học bằng[1] tiếng Hàn à?

Hoa Ừ, tuy khó nhưng tớ sẽ cố gắng học.

Hans Thế thì, chúc[2] cậu may mắn.

단어

luật 법 | quyết định 결정하다 | cố gắng 노력하다
may mắn 행운(의)

호아	2주 후에 나는 한국에 갈 거야.
한스	그래? 한국에는 무엇을 하기 위해 가는데?
호아	유학을 가. 나는 법에 대해서 공부할 거야.
한스	왜 한국으로 유학 가려고 결정했어?
호아	왜냐하면 한국에서 일을 하기 위해 한국 법을 공부하고 싶기 때문이야.
한스	한국어로 공부하는 거야?
호아	응, 어렵겠지만 열심히 공부할 거야.
한스	그럼 행운을 기원할게.

회화 Tip

❶ '~로', '~로써'라는 뜻으로, 언어 수단이 무엇인지 이야기하기 위해 사용되었습니다. 질문할 때에는 의문사 gì(무엇)를 활용하며, 의문사 자리에 알맞은 언어를 넣어 대답합니다.

예 A: Người Hàn Quốc nói bằng tiếng gì?
한국 사람은 무슨 언어로 이야기합니까?
B: Người Hàn Quốc nói bằng tiếng Hàn.
한국 사람은 한국어로 이야기합니다.

→ bằng의 쓰임 198쪽

❷ '축하하다', '기원하다'라는 의미의 동사로 'chúc + 동사/형용사' 또는 'chúc + 대상 + 동사/형용사'의 형태로 사용합니다.

예 Chúc ngày giáng sinh vui vẻ.
즐거운 크리스마스 보내세요.
Chúc anh chị trăm năm hạnh phúc.
백년해로하세요.

→ 축하 표현 195쪽

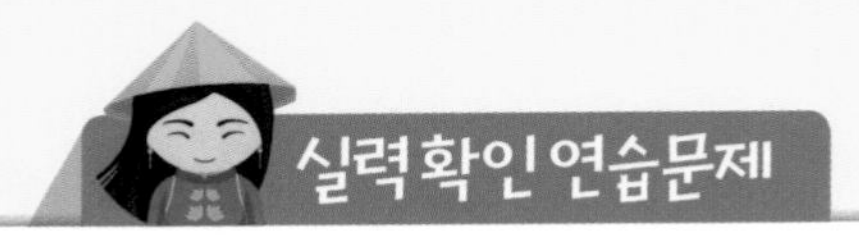

1 빈칸에 들어갈 말을 적고, 소리 내어 말해 보세요.

1 ________ ________ em đi học muộn? 왜 학교에 늦었니?

2 Trời mưa ________ em không thể đi bơi được.

비가 와서 나는 수영하러 갈 수 없었다.

3 ________ bài tập rất khó ________ chị ấy vẫn làm được.

숙제가 매우 어려웠지만 그녀는 여전히 (숙제를) 했다.

2 빈칸에 들어갈 알맞은 말을 고르세요.

1 A: Em không làm bài tập à? 너 숙제를 안 한 게 맞니?

B: Vâng. Em bị ốm ______ không làm. 네. 제가 아파서 못했습니다.

① để ② mà ③ vì ④ nên

2 A: Hôm nay chị ấy có đi làm không? 오늘 그녀는 회사에 옵니까?

B: Có. Dù chị ấy bị ốm ______ vẫn đi làm.

네. 그녀는 아프지만 여전히 일하러 옵니다.

① để ② vì ③ nên ④ nhưng

3 A: Em mua xe đạp ______ làm gì? 자전거는 무엇을 하기 위해 샀니?

B: ______ đi học ạ. 학교에 가기 위해서입니다.

① để ② mà ③ vì ④ nên

정답
1 1. Vì sao 2. nên 3. Tuy, nhưng
2 1. ④ 2. ④ 3. ①

베트남의 국경일

베트남의 개천절, 건국 시조 훙왕 기념일(Giỗ Tổ Hùng Vương, 음력 3월 10일)

매년 음력 3월 10일은 건국 시조인 훙왕을 기리는 날로, 건국 신화를 토대로 한 기념일입니다. 역사적 건국 시조가 확실치 않은 베트남 사람들에게 독립 민족으로서의 의식을 일깨우는 의미를 부여하고 있는 날입니다.

해방기념일(Ngày giải phóng miền Nam, 4월 30일)

북부 해방군 전차가 사이 곤(Sài Gòn)의 심장부인 통일궁 철책을 뚫고 들어가 베트남 총통 즈엉 반 밍(Dương Văn Minh)의 항복을 받아낸 날입니다. 30년간 지속된 베트남 전쟁의 종식과 미국으로부터 독립한 날을 기념하는 날입니다.

건국(독립)기념일(Ngày Quốc khánh, 9월 2일)

1945년 호찌밍 주석이 바딩 광장(Quảng trường Ba Đình)에서 베트남 민주공화국의 탄생을 알린 날로, 이날은 베트남에서 가장 큰 국경일입니다. 베트남 사람들은 독립 기념일 한 달 전부터 거리 곳곳을 붉은색으로 장식하며, 당일에는 바딩 광장을 중심으로 퍼레이드와 공연 등을 진행합니다.

베트남 여성의 날(Ngày phụ nữ Việt Nam, 10월 20일)

베트남 여성의 날은 1930년 10월 20일 베트남 여성 동맹(Hội Phụ nữ phản đế Việt Nam, 현재의 Hội Liên hiệp Phụ nữ Việt Nam)이 설립된 것을 기념하며 지정된 날로, 베트남에서는 세계 여성의 날(3월 8일)과 함께 기념하고 있습니다.

Ngày 17

Chị ấy không những đẹp mà còn thông minh nữa.

그녀는 아름다울 뿐 아니라 똑똑합니다.

월 일

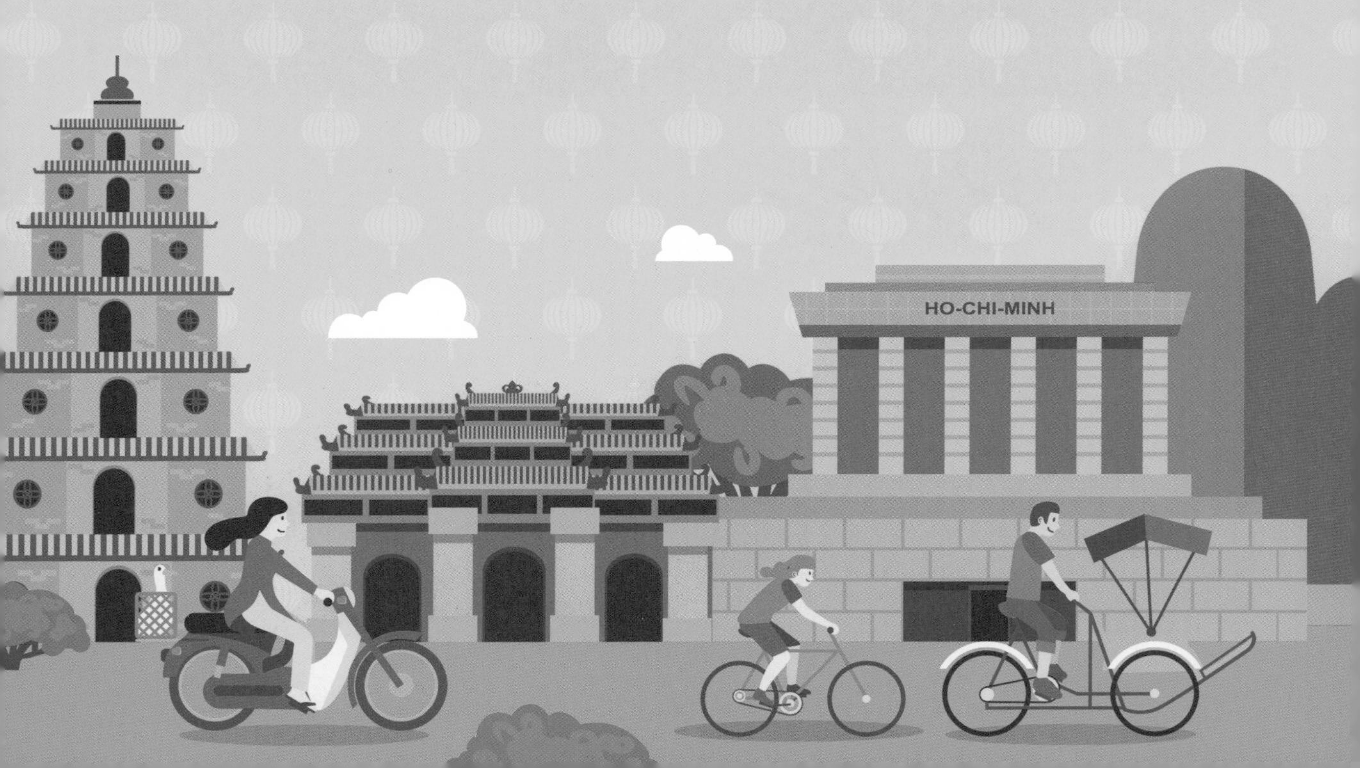

MP3와 강의를 들어 보세요

동영상 강의

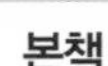

본책

복습용 동영상

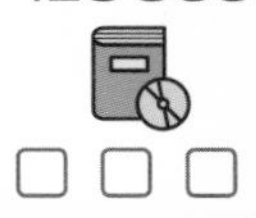

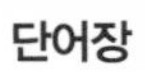

단어장

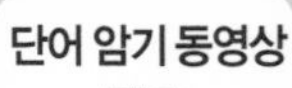

단어 암기 동영상

핵심 문장 익히기

MP3 17-01 들어 보기　MP3 17-02 회화 훈련

1

A Chị Lan là người như thế nào?

란 누나는 어떤 사람이야?

B Chị ấy không những đẹp mà còn thông minh nữa. 그 언니는 아름다울 뿐 아니라 똑똑하기도 해.

★ không những A mà còn B

'~할 뿐 아니라 …하다'라는 뜻으로 주어의 성질, 성격 등을 설명하는 두 가지 요소를 연결해 주는 역할을 합니다. 문장 마지막에 nữa를 붙여서 강조의 의미를 더하기도 합니다.

주어 + không những + 동사❶ + mà còn + 동사❷	예 Cô ấy không những mua áo sơ mi mà còn mua giày cao gót nữa. 그녀는 셔츠를 샀을 뿐 아니라 하이힐도 샀습니다.
주어 + không những + 형용사❶ + mà còn + 형용사❷	예 Anh Tuấn không những đẹp trai mà còn thông minh nữa. 뚜언 형/오빠는 잘생겼을 뿐 아니라 똑똑하기도 합니다.

왕초보 탈출 팁

'~ như thế nào?'는 '~ thế nào?'와 유사한 의미로 성질, 성격을 묻는 표현입니다. '~는 어때(요)?'로 해석됩니다.

왕초보 탈출 팁

không những A mà còn B는 không chỉ A mà còn B로 바꿔서 사용할 수도 있습니다.

예 Cô ấy không chỉ mua áo sơ mi mà còn mua giày cao gót nữa. 그녀는 셔츠를 샀을 뿐 아니라 하이힐도 샀습니다.
Anh Tuấn không chỉ đẹp trai mà còn thông minh nữa. 뚜언 형/오빠는 잘생겼을 뿐 아니라 똑똑합니다.

단어

áo sơ mi 셔츠
giày cao gót 하이힐
đẹp trai 잘생긴
hiền 착한, 상냥한

공부한 내용을 확인해 보세요!

A: Anh Tuấn là người ________ ________ ________?
뚜언 형/오빠는 어떤 사람입니까?

B: Anh ấy ________ ________ đẹp trai ________ ________ hiền nữa. 그는 잘생겼을 뿐 아니라 착합니다.

정답

như thế nào
không những, mà còn

MP3 17-03 들어 보기 MP3 17-04 회화 훈련

2

A Anh Minh làm nghề gì? 밍 형의 직업은 뭐예요?

B Anh Minh vừa là ca sĩ vừa là diễn viên. 밍 오빠는 가수이면서 연기자이기도 해.

★ vừa là A vừa là B

'~이면서 …이다'라는 뜻으로 주어의 특성을 설명하는 두 가지 요소를 연결해 주는 역할을 합니다.

예 Chị Lan vừa là nghiên cứu sinh vừa là phiên dịch viên.
란 누나/언니는 대학원생이면서 번역가이다.

Ông Nam vừa là giám đốc vừa là hiệu trưởng.
남 할아버지는 사장이면서 교장이다.

★ vừa의 다른 쓰임

1. 형용사로 '알맞은', '적당한'의 의미로, 옷이나 신발의 사이즈를 얘기할 때도 사용합니다.

예 **A:** Áo này vừa với cậu không? 이 옷이 너에게 맞니?
B: Có. 응.

2. '이제 막 ~했다'라는 뜻의 근접 과거를 나타내기도 합니다.

예 Tôi vừa làm xong bài tập. 나는 막 숙제를 끝냈다.

단어

diễn viên 연기자
nghiên cứu sinh 연구생
phiên dịch viên 번역가
giám đốc 사장
hiệu trưởng 교장 선생님

공부한 내용을 확인해 보세요!

❶ Chị gái em ________ ________ luật sư ________
________ giáo sư. (나의) 누나/언니는 변호사이면서 교수이다.

❷ Đôi giày này có ________ với chị không?
이 신발이 누나/언니에게 맞나요?

정답
① vừa là, vừa là
② vừa

MP3 17-05 들어 보기 MP3 17-06 회화 훈련

3

A Cuối tuần cậu thích làm gì?

너는 주말에 뭐 하는 걸 좋아해?

B Mình thích vừa đọc sách vừa nghe nhạc.

나는 책을 읽으면서 음악 듣는 걸 좋아해.

★ vừa A vừa B

동사, 형용사와 사용되어 동시에 발생하는 두 가지의 행동 또는 두 가지의 성질, 성격 등을 표현합니다. '~하면서 …하다' 또는 '~이기도 하고 …이기도 하다'라고 해석합니다. vừa 뒤에 형용사가 오는 경우 không những A mà còn B와 유사한 의미를 가집니다.

주어 + vừa + 동사❶ + vừa + 동사❷	예 Tôi vừa nấu cơm vừa xem ti vi. 나는 요리를 하면서 텔레비전을 본다.
주어 + vừa + 형용사❶ + vừa + 형용사❷	예 Cô ấy vừa xinh vừa hiền. 그녀는 예쁘면서 상냥하다.

단어

cười 웃다

làm bài tập 숙제하다

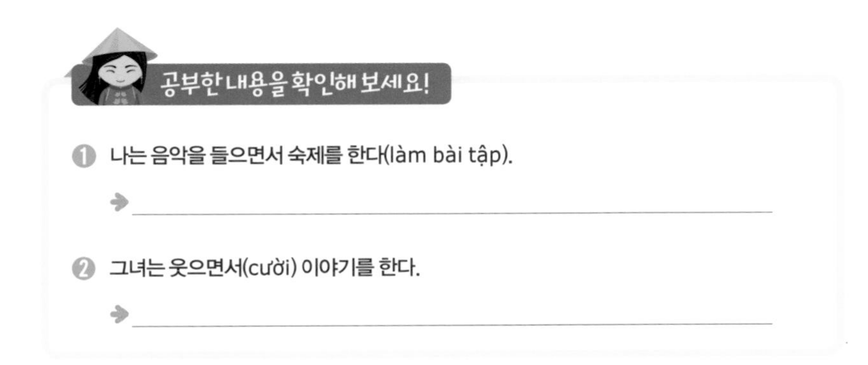

① 나는 음악을 들으면서 숙제를 한다(làm bài tập).

➔ ____________________

② 그녀는 웃으면서(cười) 이야기를 한다.

➔ ____________________

정답

① Tôi vừa nghe nhạc vừa làm bài tập.
② Chị ấy vừa cười vừa nói.

MP3 17-07 들어 보기 MP3 17-08 회화 훈련

4

A **Nếu có học bổng bạn sẽ làm gì?**

장학금을 받는다면 너는 뭘 할 거야?

B **Nếu có học bổng thì tôi sẽ mua thêm sách và quà cho mẹ.**

장학금을 받는다면 나는 책을 더 사고 어머니께 선물을 드릴 거야.

★ nếu A thì B

아직 일어나지 않은 일에 대한 가정을 나타내는 표현입니다. nếu(만약) 뒤에는 조건을, thì(~라면) 뒤에는 결과를 씁니다. thì 절에서는 일반적으로 sẽ를 함께 사용합니다. 조건절과 결과절의 위치를 바꿔 쓸 수도 있으며, 이때 결과절의 thì는 생략됩니다.

예 Nếu tôi có nhiều tiền thì tôi sẽ đi du lịch. 만약 내가 많은 돈을 갖게 되면 나는 여행을 갈 것이다.
= Tôi sẽ đi du lịch nếu có nhiều tiền.

Nếu trời lạnh thì chúng tôi không đi leo núi. 날씨가 춥다면 우리는 등산을 가지 않을 것이다.
= Chúng tôi không đi leo núi nếu trời lạnh.

★ cả A lẫn/và B

'A와 B 모두'라는 뜻으로 대등한 두 가지 요소를 연결하는 표현입니다. lẫn이 và보다 강조의 의미를 더 담고 있습니다. 또한 cả A lẫ/và B가 주어로 사용될 경우에는 일반적으로 đều와 함께 사용됩니다.

예 Cả tôi lẫn/và bạn tôi đều thích xem phim Hàn Quốc.
나와 내 친구 모두 영화 관람을 좋아한다. (주어)

Tôi học cả tiếng Anh lẫn/và tiếng Việt.
나는 영어와 베트남어를 공부한다. (목적어)

A: ________ đi Việt Nam ________ cậu sẽ làm gì?

만약 베트남에 간다면 무엇을 할 거야?

B: ________ đi Việt Nam ________ tớ ăn món ăn Việt Nam và đi Sapa. 만약 베트남을 가게 된다면 나는 베트남 음식을 먹고 사파에 갈 거야.

quà 선물
tiền 돈
leo núi 등산하다

Nếu, thì
Nếu, thì

MP3 17-09 들어 보기 MP3 17-10 회화 훈련

Chị ơi, chị có biết cô Ngọc không ạ?

Biết chứ[1]. Em hỏi để làm gì?

Em vừa[2] đăng kí học môn tiếng Anh của cô ấy. Cô ấy dạy thế nào ạ?

À, cô ấy tuy nghiêm khắc nhưng mà dạy cực kì[3] hay. Nếu em học chăm chỉ thì sẽ được điểm cao.

Vâng, em sẽ cố gắng học giỏi để lấy học bổng ạ.

단어

đăng kí 등록하다
năm ngoái 작년
cố gắng 노력하다
dạy 가르치다
chăm chỉ 열심히
lấy 취하다, 받다
nghiêm khắc 엄중한, 엄한
điểm cao 높은 점수

지성	누나, 응옥 선생님 아세요?
호아	알지. 무엇 때문에 묻는 거야?
지성	제가 그 선생님의 영어 수업을 막 등록했거든요. 선생님이 가르치시는 건 어때요?
호아	아, 그 선생님은 엄격하지만 굉장히 재미있게 가르치셔. 만약 네가 열심히 공부를 한다면 높은 점수를 받을 거야.
지성	네, 장학금을 받기 위해 공부를 잘하도록 노력해야겠어요.

회화 Tip

❶ 문장 마지막에 사용하여 말하는 사람의 확신을 나타냅니다. 평서문과 의문문에서 모두 사용됩니다. 의문문에서는 확신을 갖고 상대방에게 동조를 구하는 표현으로 사용되며, 평서문에서는 '당연히 ~하지'의 의미로 해당 내용을 강조해 줍니다.

❷ '막', '방금'의 의미로 동사 앞에 사용되어 근접 과거를 표현합니다. 이와 같은 뜻인 mới 또한 동사 앞에 사용되면 근접 과거를 나타내며, vừa mới로 함께 결합되어 사용되기도 합니다.

❸ '극히'라는 뜻으로, 형용사와 몇몇 동사를 꾸며 주는 부사입니다. '매우', '정말'이라는 뜻의 부사 rất, lắm, quá 이상의 감정을 표현하고자 할 때 사용됩니다.

1 빈칸에 들어갈 말을 적고, 소리 내어 말해 보세요.

1 A: Chị ấy là người thế nào? 그녀는 어떤 사람인가요?

B: Chị ấy ________ giàu ________ rất tốt bụng.

그녀는 부자이면서 매우 친절해요.

*tốt bụng 친절한

2 A: ________ nghỉ học ________ chị sẽ làm gì?

만약 학교를 쉰다면 무엇을 하겠습니까?

B: ________ nghỉ học ________ tôi sẽ đi thực tập tiếng Việt. 만약 학교를 쉰다면 베트남어 연수를 가겠습니다.

*nghỉ 쉬다

*thực tập 실습(하다)

2 빈칸에 들어갈 알맞은 말을 고르세요.

1 Hôm qua, trời ________ lạnh ________ có tuyết.

어제 날씨는 추우면서 눈이 내렸다.

① vừa – vừa ② nếu – thì ③ tuy – nhưng ④ đã – rồi

2 ________ có thời gian ________ tôi sẽ đi du lịch.

만약 시간이 있다면 나는 여행을 갈 것이다.

① Vừa – vừa ② Nếu – thì ③ Tuy – nhưng ④ Đã – rồi

3 Phòng học ________ đẹp ________ rộng nữa.

공부방은 아름다울 뿐 아니라 넓다.

① nếu – thì ② vừa là – vừa là

③ dù – nhưng ④ không những – mà còn

정답 1 1. vừa, vừa 2. Nếu, thì, Nếu, thì
2 1. ① 2. ② 3. ④

베트남의 화폐

베트남의 화폐 단위는 동(đồng)이며, 모든 화폐에 호찌밍 주석이 그려져 있습니다. 또한 베트남의 지폐는 색상이 비슷하여 구분이 쉽지 않고 단위가 커서 계산할 때 주의해야 합니다.

화폐는 100동 / 200동 / 500동 / 1,000동 / 2,000동 / 5,000동 / 10,000동 / 20,000동 / 50,000동 / 100,000동 / 200,000동 / 500,000동으로 총 12종류가 발행되고 있으며, 2003년부터 지폐 위조 방지를 위해 10,000동부터는 종이가 아닌 플라스틱의 일종인 폴리머 재질로 발행되고 있습니다. 지폐와 더불어 동전도 함께 발행되던 100동/200동/500동/1,000동/2,000동/5,000동은 동전의 활용도가 낮아 2011년부터 동전의 발행을 중단하였습니다. 또한 5,000동 이하는 거의 사용되지 않기 때문에 베트남 슈퍼마켓이나 편의점 등에서 계산 후 거스름돈이 100동이나 500동 등 소액일 경우 캔디로 지급되는 경우도 있습니다.

HO-CHI-MINH

Ngày 18

최종 확인 복습 문제

복습 문제 풀기

1 빈칸에 들어갈 말을 고르세요.

1

A: Em đi học ___________?

B: Em đi học lúc 3 giờ ạ.

① thứ mấy ② lúc mấy giờ
③ ngày bao nhiêu ④ từ mấy giờ đến mấy giờ

2

A: ______________________________?

B: Vâng, anh Nam cao hơn anh Tuấn.

① Anh Nam có cao hơn anh Tuấn không
② Anh Nam có cao bằng anh Tuấn không
③ Anh Nam thấp hơn anh Tuấn phải không
④ Có phải anh Nam cao bằng anh Tuấn không

3

A: ______________________________?

B: Tôi mua 3 cái bút.

① Chị mua mấy cái bút ② Bút này giá bao nhiêu tiền
③ Chị đã mua bút phải không ④ Chị mua bao nhiêu tiền một cái bút

4

A: ______________________________?

B: Tôi về nước 3 tháng rồi.

① Bao giờ chị về nước ② Chị về nước tháng mấy
③ Tháng mấy chị về nước ④ Chị về nước mấy tháng rồi

5

A: Chị có nói được tiếng Anh không?

B: ______________________.

① Chưa ạ
② Được ạ
③ Có được thể ạ
④ Không có thể ạ

2 다음 회화를 따라 우체국, 슈퍼, 도서관을 찾는 회화를 만들어 보세요.

A: Làm ơn cho tôi hỏi một chút. Anh có biết bệnh viện ở đâu không?

B: Chị đi thẳng đến ngã ba thứ nhất thì rẽ phải là đến.

1 우체국(bưu điện)

A: Xin lỗi, chị ______________________? 실례지만, 우체국이 어디에 있는지 아세요?

B: Anh ______________________. 직진해서 두 번째 사거리에 이르러 좌회전하면 도착이에요.

2 슈퍼(siêu thị)

A: Tôi ______________________? 내가 슈퍼에 가기 원한다면 어떻게 가야 하나요?

B: Chị ______________________. 직진해서 첫 번째 사거리에 이르러 우회전하면 도착이에요.

3 도서관(thư viện)

A: Tôi ______________________? 내가 도서관에 가기 원한다면 어떻게 가야 하나요?

B: Anh ______________________. 직진해서 첫 번째 사거리에 이르러 좌회전하면 도착이에요.

MP3 18-01

3 문장을 듣고 빈칸에 알맞은 단어를 넣으세요.

3~6번 문제 듣기

1 A: Hôm nay ________ ________ anh đi học về?
Anh có thể đi ________ ________ được không?
B: Hôm nay 3 giờ anh đi học về. Anh đi ________ ________ ________.

2 A: Vì sao hôm nay bạn ấy ________ ________?
B: Vì hôm qua ________ ________, bạn ấy không có ô.

MP3 18-02

4 Tuấn의 하루 일과를 듣고 빈칸에 알맞은 답을 넣으세요

Thời gian	Việc trong ngày	Thời gian	Việc trong ngày
	ngủ dậy		họp
	đánh răng, rửa mặt		nghỉ làm
6:30 – 6:50			về nhà
7:00		19:30	
	đến công ti, bắt đầu làm việc	21:00	
12:30-13:30	nghỉ trưa và ăn trưa	22:00 – 23:00	
	tiếp tục làm việc		đi ngủ

*đánh răng 양치질하다
*rửa mặt 세수하다
*tiếp tục 계속하다

MP3 18-03

5 다음을 듣고 빈칸에 알맞은 단어를 넣으세요.

Chị Lan: ________ ________ anh sang Việt Nam?
Anh Minsu: ________ ________ tôi ________ sang Việt Nam.
Chị Lan: Thế ________ ________ anh về Hàn Quốc?
Anh Minsu: ________ ________ tôi về Hàn Quốc.
Chị Lan: ________ ________, anh đã sang Việt Nam rồi ________ ________?

Anh Minsu: Vâng, ________ ________ tôi đã sang Việt Nam ________.

Chị Lan: Anh ________ ________?

Anh Minsu: Tôi ________ Hà Nội.

Chị Lan: Anh ________ đi Nha Trang ________ ________ ________?

Anh Minsu: Tôi đi ________ ________ rồi. Nha Trang ________ ________.

Chị Lan: Anh ________ Nha Trang ________ ________?

Anh Minsu: Tôi ________ Nha Trang ________ ________ ________ ________.

Chị Lan: Thích quá. Tôi ________ muốn ________ Nha Trang.

MP3 18-04

6 다음을 듣고 맞는 정보에 ✓ 표시를 하세요.

Ai?	Có thể làm gì?	
Anh Nam	chơi bóng rổ □	chơi bóng chày □
Chị Mina	nói tiếng Anh □	nói tiếng Pháp □
Anh Jihun	Nấu cơm □	nấu phở □
Cô Hoa	hát □	múa □
Anh Tấn	vẽ □	chơi đàn □
Tôi	ăn bún chả □	ăn nem rán □

*bóng rổ 농구
*bóng chày 야구
*hát 노래 부르다
*múa 춤추다
*vẽ 그리다
*chơi đàn 악기를 연주하다

7 다음을 읽고 질문에 답하세요.

Kế hoạch cho tương lai

Tôi tên là Hajun. Tôi là người Hàn Quốc. Tôi sinh ngày 24 tháng 3 năm 1991. Năm nay tôi 27 tuổi. Tôi muốn sống và làm việc ở Việt Nam. Tôi đã học tiếng Việt ở Việt Nam 1 năm. Nếu tôi nói tiếng Việt tốt thì tôi sẽ làm việc ở Việt Nam. Tôi muốn làm ở công ti Hàn Quốc ở Bắc Ninh. Tôi đã có bạn gái và tôi muốn kết hôn vào năm 2020. Tôi muốn có 2 con trước năm 35 tuổi. Gia đình chúng tôi sẽ rất hạnh phúc.

*kế hoạch 계획
*tương lai 미래
*bạn gái 여자친구
*hạnh phúc 행복한

1 Hajun sinh ngày nào?

____

2 Hajun năm nay bao nhiêu tuổi?

____

3 Anh ấy có muốn sống ở Việt Nam không?

____

4 Anh ấy đã học tiếng Việt ở Việt Nam bao lâu?

____

5 Nếu anh ấy nói tiếng Việt tốt thì anh ấy sẽ làm gì?

____

6 Anh ấy muốn làm việc ở đâu?

____

7 Anh ấy đã có bạn gái chưa?

____

8 Anh ấy muốn kết hôn vào năm nào?

____

9 Trước năm 35 tuổi, anh ấy muốn làm gì?

____

10 Gia đình của anh ấy sẽ như thế nào ?

____

HO-CHI-MINH

핵심 문법
요점 노트

숫자 11~100

11	mười một	21	hai mươi mốt	40	bốn mươi
12	mười hai	22	hai mươi hai	50	năm mươi
13	mười ba	23	hai mươi ba	60	sáu mươi
14	mười bốn	24	hai mươi bốn / tư	70	bảy mươi
15	mười lăm	25	hai mươi lăm / nhăm	80	tám mươi
16	mười sáu	26	hai mươi sáu	90	chín mươi
17	mười bảy	27	hai mươi bảy	100	một trăm
18	mười tám	28	hai mươi tám		
19	mười chín	29	hai mươi chín		
20	hai mươi	30	ba mươi		

❶ 20부터 90에서 0은 mười가 mươi로 바뀝니다.

❷ 21부터 91까지 1은 một이 mốt으로 바뀝니다.

❸ 15의 5는 năm이 lăm으로 바뀝니다.

❹ 25부터 95에서 5은năm이 lăm / nhăm으로 바뀝니다.

❺ 20 이상 숫자에서 일의 자리가 4인 경우 서수 tư로 표기하기도 합니다.

100 이상의 수

100	một trăm	1.000.000	một triệu
1.000	một nghìn / một ngàn	10.000.000	mười triệu
10.000	mười nghìn	100.000.000	một trăm triệu
100.000	một trăm nghìn	1.000.000.000	một tỷ

★ 베트남어는 숫자에 마침표(.)와 쉼표(,)를 우리나라와 반대로 사용합니다.
즉, 세 자리씩 끊어 숫자 단위를 구분할 때 마침표를 사용하고 소수점에는 쉼표를 사용합니다.

❶ 백 자리 이상의 수에서 십의 자리가 0일 경우에는 linh이나 lẻ를 넣어 읽습니다.

예 203 hai trăm linh ba
hai trăm lẻ ba

❷ 천 자리 이상의 수에서 백의 자리가 0일 경우에는 không trăm을 넣어 읽습니다.

예 2018 hai nghìn không trăm mười tám
3007 ba nghìn không trăm linh bảy
ba nghìn không trăm lẻ bảy

축하 표현

축하 표현은 '축하하다', '기원하다'라는 의미의 동사 chúc을 사용합니다. 다음 문장은 일상 생활에서 가장 많이 사용되는 축하 표현입니다. 문장 마지막에 '2인칭', '2인칭+이름', 또는 '이름'을 넣어서 표현할 수 있습니다.

❶ 생일 (sinh nhật)

예 Chúc mừng sinh nhật. 생일 축하합니다.

❷ 새해 (năm mới)

예 Chúc mừng năm mới. 새해를 축하합니다. (= 새해 복 많이 받으세요.)

❸ 크리스마스 (ngày giáng sinh)

예 Chúc ngày giáng sinh vui vẻ. 즐거운 크리스마스 보내세요.

❹ 결혼 (kết hôn)

예 Chúc anh chị trăm năm hạnh phúc. 백년해로하세요.

xem	(텔레비전, 영화 등을 관찰하듯) 보다	예 Tôi hay đi xem phim với bạn. 나는 자주 친구와 영화를 보러 갑니다.
nhìn	(목적을 갖고 의도적으로) 보다	예 Hai người nhìn nhau. 두 사람은 서로 바라보았습니다.
trông	(돌보거나 지키며) 보다	예 Tôi thường đến nhà chị gái tôi để trông cháu tôi. 나는 보통 조카를 돌보기 위해 누나/언니 집에 갑니다.
thấy	(자연스럽게 보이는 것을) 보다	예 Em đi thẳng đến cuối đường này thì sẽ thấy ngân hàng VN. 네가 이 길 끝까지 직진해서 가면 VN은행이 보일 거야.
ngắm	(경치 등을 감상하며) 보다	예 Chị ấy hay ngồi ở đây để ngắm phong cảnh. 그녀는 자주 풍경을 감상하기 위해 여기에 앉습니다.

trông은 '~처럼 보이다'의 의미로도 사용되는데, 이때는 'Trong+주어+형용사'로 사용됩니다. 또한 có vẻ(~ 듯하다, ~처럼 보이다)와 결합하여 'Trong+주어+có vẻ+형용사', '주어+có vẻ+형용사'로도 사용이 됩니다. trông은 주어 앞에 위치하고 có vẻ는 형용사 앞에 위치합니다.

예 Trông máy vi tính này cũ quá. 이 컴퓨터는 오래된 것처럼 보입니다.
= Trông máy vi tính này có vẻ cũ quá.
= Máy vi tính này có vẻ cũ quá.

'A부터 B까지'의 표현으로는 từ A đến B, B cách A와 B cách đây가 있습니다. 이들 표현은 현재 위치에서 다른 위치(목적지)까지의 거리 혹은 현재에서 과거에 이르는 시간적 간격을 표현하기 위해 사용합니다.

từ A đến B	거리	예 Từ nhà tôi đến trường đi bằng xe đạp. 집에서 학교까지 자전거를 타고 간다.
	시간	예 Từ ngày mồng 3 đến ngày 15 tôi ở Hà Nội. 3일부터 15일까지 나는 하노이에 있다.
B cách A	거리	예 Nhà tôi cách trường 5 km. 나의 집은 학교에서 5km 떨어져 있다.
	시간	예 Sinh nhật của chị cách sinh nhật của em 3 tháng. 내 생일에서 언니 생일까지 3개월 떨어져 있다.
B cách đây	거리	예 Nhà tôi cách đây 300 m. 나의 집은 여기에서 300m 떨어져 있다.
	시간	예 Chị Mai đến Hàn Quốc cách đây 3 tuần. 마이 누나/언니는 3주 전에 한국에 왔다.

병 증상을 묻고 답하기

일반적으로 어디가 아픈지를 물어볼 때는 ~ bị làm sao?를 사용하며, 구체적으로 어디가 아픈지 물을 때는 bị đau(아프다)와 의문사 ở đâu가 결합한 ~ bị dau ở đâu?를 사용합니다. 감기에 걸렸을 때는 '주어+bị cảm'이라고 하면 됩니다.

일반적	질문 주어+bị làm sao? 예 Chị bị làm sao? 무슨 일이세요? (= 어디가 아프세요?)
	대답 주어+증상. 예 Tôi bị cảm. 감기에 걸렸어요.
구체적	질문 주어+bị đau ở đâu? 예 Anh bị đau ở đâu? 어디가 아프세요?
	대답 주어+bị đau+증상. 예 Tôi bị đau đầu. 머리가 아파요.

★ 언어 수단

'~로', '~로써'라는 뜻으로 언어 수단이 무엇인지 이야기할 때 사용됩니다. 질문할 때에는 의문사 gì(무엇)를 활용합니다. 이에 대한 대답으로는 의문사 자리에 알맞은 언어를 넣으면 됩니다.

예 **A:** Người Hàn Quốc nói bằng tiếng gì? 한국 사람은 무슨 언어로 이야기합니까?
B: Người Hàn Quốc nói bằng tiếng Hàn. 한국 사람은 한국어로 이야기합니다.

★ 재료

재료가 무언지 묻고자 할 때 사용되며 '~로', '~로써'로 해석합니다. làm(만들다)과 의문사 gì를 활용하여 질문하며, 의문사 자리에 재료를 넣어 대답합니다.

예 **A:** Cái ghế này (được) làm bằng gì? 이 의자는 무엇으로 만들었나요?
B: Cái ghế này (được) làm bằng gỗ. 이 의자는 목재로 만들었습니다.

thế nào의 다른 용법

thế nào는 다른 사람이나 사물의 수준, 태도 또는 평가와 그것이 갖고 있는 성질과 행동의 구체적인 실현 방법 등을 물을 때도 사용됩니다.

(사물의) 수준	예 **A:** Quyển sách này tốt thế nào? 이 책은 어떻게 좋나요? **B:** Quyển sách này rất kĩ về giải thích từ vựng. 이 책은 단어 설명에 대해 매우 자세해요.
행동의 실현 방법	예 **A:** Món bún chả ăn thế nào? 분짜는 어떻게 먹어요? **B:** Món bút chả ăn với rau và nước mắm. 분짜는 채소와 느억 맘과 함께 먹어요.
평가	예 **A:** Em ăn phở bò thế nào? 너는 쌀국수를 어떻게 먹었어? **B:** Em ăn phở bò rất ngon. 저는 쌀국수를 매우 맛있게 먹었어요.

cho의 용법

❶ 명사 앞에 붙여서 '~에게'의 의미로 사용됩니다.

예 Tôi sẽ gọi cho anh Tuấn. 나는 뚜언 형/오빠에게 전화를 할 것이다.

❷ 형용사 앞에 붙여서 '~하기 위해'의 의미로 사용됩니다.

예 Chi nhớ tập thể dục nhiều cho khoẻ. 건강을 위해 운동 많이 하는 거 잊지 마세요.

❸ 동사로서 'cho+사람+명사'의 형태로 사용되면 '~에게 …을 주다'의 의미로 해석합니다.

예 Anh cho tôi một bát phở bò. 당신은 저에게 소고기 쌀국수 한 그릇을 주세요.

HO-CHI-MINH

정답 &
듣기 스크립트

Ngày 08 중간 점검 복습 문제 정답

1 1 ④ 2 ④ 3 ③ 4 ④ 5 ④

2 1 Anh Jihun: Chào chị, tôi là Jihun. Xin lỗi, chị tên là gì?
Chị Trang: Chào anh, tôi tên là Trang. Anh Jihun làm nghề gì?
Anh Jihun: Tôi là ca sĩ, còn chị, chị làm gì?
Chị Trang: Tôi là sinh viên.

2 Anh Tuấn: Chào chị, tôi là Tuấn. Xin lỗi, chị tên là gì?
Chị Jihee: Chào anh, tôi tên là Jihee. Anh Tuấn làm nghề gì?
Anh Tuấn: Tôi là giáo sư, còn chị, chị làm gì?
Chị Jihee: Tôi là luật sư.

3 1 Chào, có, không
còn
cũng

2 được gặp
cũng, vui được gặp

4
1 béo
2 ngon
3 rẻ
4 mỏng
5 đắt
6 chua
7 cũ
8 to
9 ngắn
10 nhỏ

5 1 cái gì
2 thế nào
3 tốt
4 cái bảng
5 quyển từ điển
6 dày

6 1 Bob là người Mĩ.
2 Bob biết nói tiếng Anh, tiếng Đức và một ít tiếng Việt.
3 Không phải. Jisung là người Hàn Quốc.
4 Không. Nhưng anh ấy nói tiếng Pháp rất giỏi.
5 Dạ phải. Họ nghĩ rằng tiếng Việt khó nhưng rất thú vị.

7

	문장	맞음	틀림
1	Jisung là bạn của Bob.	✓	
2	Bob nói tiếng Việt rất giỏi.		✓
3	Jisung và Boa đều là người Mĩ.		✓
4	Jisung không biết nói tiếng Đức.	✓	
5	Họ học tiếng Việt để làm việc ở Việt Nam.		✓

Ngày 18 최종 확인 복습 문제 정답

1 1 ② 2 ① 3 ① 4 ④ 5 ②

2 1 có biết bưu điện ở đâu không
đi thẳng đến ngã tư thứ hai thì rẽ trái là đến

2 muốn đi siêu thị thì đi thế nào
đi thẳng đến ngã tư thứ nhất thì rẽ phải là đến

3 muốn đi thư viện thì đi thế nào
đi thẳng đến ngã tư thứ nhất thì rẽ trái là đến

3 1 mấy giờ
xem phim
xem phim được

2 bị ốm
trời mưa

4

시간	하루 일과	시간	하루 일과
6:00	ngủ dậy	17:00	họp
6:00-6:15	đánh răng, rửa mặt	17:45	nghỉ làm
6:30–6:50	ăn sáng	19:00	về nhà
7:00	đi làm	19:30	ăn tối
8:00	đến công ti, bắt đầu làm việc	21:00	tắm
12:30-13:30	nghỉ trưa và ăn trưa	22:00–23:00	xem ti vi
13:30-16:00	tiếp tục làm việc	24:00	đi ngủ

*tắm 샤워하다

5 Bao giờ
Tháng sau, sẽ
bao giờ
Năm sau
Năm ngoái, phải không
năm ngoái, rồi

ở đâu

ở

đã, lần nào chưa

1 lần, rất đẹp

đi, bao giờ

đi, tháng 8, nắm ngoái

cũng, đi

6

누구?	무엇을 할 수 있는가?	
Anh Nam	chơi bóng rổ	chơi bóng chày ☑
Chị Mina	nói tiếng Anh	nói tiếng Pháp ☑
Anh Jihun	Nấu cơm	nấu phở ☑
Cô Hoa	hát ☑	múa
Anh Tấn	vẽ ☑	chơi đàn
Tôi	ăn bún chả	ăn nem rán ☑

7

1 Hajun sinh ngày 24 tháng 3 năm 1991.

2 Hajun năm nay 27 tuổi.

3 Có. Anh ấy muốn sống ở Việt Nam.

4 Anh ấy đã học tiếng Việt ở Việt Nam 1 năm.

5 Nếu anh ấy nói tiếng Việt tốt thì sẽ làm việc ở Việt Nam.

6 Anh ấy muốn làm ở công ti Hàn Quốc ở Bắc Ninh.

7 Có. Anh ấy có bạn gái rồi.

8 Anh ấy muốn kết hôn vào năm 2020.

9 Trước năm 35 tuổi, anh ấy muốn có 2 con.

10 Gia đình của anh ấy sẽ hạnh phúc.

Ngày 08 중간 점검 복습 문제 듣기 스크립트

3 1 A: Chào chị. Chị có khoẻ không?
B: Chào em. Tôi khoẻ, còn em?
A: Cảm ơn chị. Em cũng khoẻ.

2 A: Chào anh, rất vui được gặp anh.
B: Tôi cũng rất vui được gặp em.

4 1 Con mèo ấy béo.
2 Cái bánh này ngon.
3 Cái xe đạp kia rẻ.
4 Quyển từ điển đó mỏng.
5 Cái đồng hồ này đắt.
6 Quả cam kia chua.
7 Cái điện thoại đó cũ.
8 Cái túi ấy to.
9 Cái bút này ngắn.
10 Con chó kia nhỏ.

5 Jihun: Hoa ơi, đây là cái gì?
Hoa: Đây là cái bút.
Jihun: Cái bút này thế nào?
Hoa: Cái bút này tốt. Còn kia là cái bảng, phải không?
Jihun: Đúng rồi. Thế, cái đó tiếng Việt gọi là gì?
Hoa: Cái đó tiếng Việt gọi là quyển từ điển.
Jihun: Quyển từ điển đó có dày không?
Hoa: Có, nó dày và rất tốt.

Ngày 18 최종 확인 복습 문제 듣기 스크립트

3 **1** A: Hôm nay mấy giờ anh đi học về? Anh có thể đi xem phim được không?
B: Hôm nay 3 giờ anh đi học về. Anh đi xem phim được.

2 A: Vì sao hôm nay bạn ấy bị ốm?
B: Vì hôm qua trời mưa, bạn ấy không có ô.

4 Xin chào, tôi tên là Tuấn. Đây là 1 ngày làm việc của tôi. Hàng ngày, tôi thường ngủ dậy lúc 6 giờ sáng. Sau đó, tôi đánh răng, rửa mặt từ 6 giờ đến 6 giờ 15. Tôi ăn sáng từ 6 giờ rưỡi đến 7 giờ kém 10.
Tôi đi làm lúc 7 giờ. Tôi đến công ti và bắt đầu làm việc lúc 8 giờ. Tôi nghỉ trưa lúc 12 giờ rưỡi và ăn trưa ở căng tin của công ti từ 12 giờ rưỡi đến 1 giờ rưỡi. Sau đó, tôi tiếp tục làm việc từ 1 giờ rưỡi đến khoảng 4 giờ. Tôi thường họp lúc 5 giờ chiều. Tôi nghỉ làm lúc 6 giờ kém 15. Tôi về nhà lúc 7 giờ tối. Tôi ăn tối với gia đình tôi lúc 7 giờ rưỡi. Sau đó, tôi tắm lúc 9 giờ và xem ti vi từ 10 giờ đến 11 giờ. Tôi thường đi ngủ lúc 12 giờ đêm.

*căng tin 구내식당

5 Chị Lan: Bao giờ anh sang Việt Nam?
Anh Minsu: Tháng sau tôi sẽ sang Việt Nam.
Chị Lan: Thế bao giờ anh về Hàn Quốc?
Anh Minsu: Năm sau tôi về Hàn Quốc.
Chị Lan: Năm ngoái, anh đã sang Việt Nam rồi phải không?
Anh Minsu: Vâng, năm ngoái tôi đã sang Việt Nam rồi.
Chị Lan: Anh ở đâu?
Anh Minsu: Tôi ở Hà Nội.
Chị Lan: Anh đã đi Nha Trang lần nào chưa?
Anh Minsu: Tôi đi 1 lần rồi. Nha Trang rất đẹp.
Chị Lan: Anh đi Nha Trang bao giờ?
Anh Minsu: Tôi đi Nha Trang tháng 8 năm ngoái.
Chị Lan: Thích quá. Tôi cũng muốn đi Nha Trang.

6 Anh Nam không chơi bóng rổ được, nhưng anh ấy chơi bóng chày được.
Chị Mina không nói được tiếng Anh, nhưng nói được tiếng Pháp.
Anh Jihun không nấu được cơm, nhưng nấu được phở.
Cô Hoa hát được, nhưng không múa được.
Anh Tấn có thể vẽ được nhưng không thể chơi đàn được.
Tôi không thể ăn bún chả được nhưng có thể ăn nem rán được.

도우미 단어장 + 왕초보 그림 단어장

나혼자 끝내는 독학 베트남어 첫걸음

단어장

넥서스

이것만은 꼭 외우자!

도우미 단어장

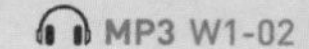

anh 형, 오빠

chị 누나, 언니

ông 할아버지

bà 할머니

thầy 남자 선생님

cô 여자 선생님

em 저(동생, 학생), 너(동생, 학생)

cháu 손아랫사람, 손주

khoẻ 건강하다

bình thường 평소와 같은, 보통의

lâu 긴, 오랫동안

rồi 이미(완료를 만들 때 사용)

không (부정) ~이 아니다

gặp 만나다

lắm 매우

rất 매우

vui 즐거운, 기쁘다

hân hạnh 기쁘다

cũng 역시 ~하다, 또한

hẹn 약속하다

lại 다시, 또

tạm biệt 안녕(작별 인사)

đi 가다

về 돌아가다

trước ~전, 먼저

ừ 응

dạo này 요즘, 근래의

cảm ơn 고맙습니다, 감사합니다

còn 그런데, 그리고, 여전히, 남다

tên 이름

là ~이다

gì (의문사) 무엇

của ~의

ấy 그, 그것

chị ấy (3인칭) 그녀

phải 옳은, 오른(쪽), ~해야 한다

không ~이 아닌

không phải là ~이 아니다

người 사람

nước 나라

nào 어느, 어떠한

Hàn Quốc 한국

Pháp 프랑스

Anh 영국

các ~들(복수)

đều 모두, 모든

Mĩ 미국

chúng em 저희

Việt Nam 베트남

Lào 라오스

tên 이름

Đức 독일

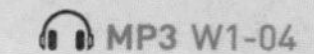

làm ~하다

nghề 직업

kĩ sư 엔지니어, 기술자

bác sĩ 의사

làm việc 일하다

ở ~에(서), ~에 있다

đâu 어디

ngân hàng 은행

công ti 회사

điện máy 전기

nhà báo (신문)기자

luật sư 변호사

họa sĩ 화가

đọc 읽다

sách 책

nấu 요리하다

cơm 밥

nghe 듣다

nhạc cổ điển 고전음악, 클래식

tập thể dục 운동(하다)

xem 보다

phim 영화

ăn 먹다

phở bò 소고기 쌀국수

học 공부하다

tiếng Đức 독일어

mua sắm 물건을 사다

vẫn 여전히, 아직

nha sĩ 치과 의사

bệnh viện 병원

hôm qua 어제

chắc 아마도, 확실히

mệt 피곤한

quá 매우, 정말

hơi 약간

thư 편지

cho ~에게, ~을 위하여, 주다

bố 아버지

mẹ 어머니

bố mẹ 부모님

tiếng Việt 베트남어

xe máy 오토바이

tủ quần áo 옷장

phòng khách 거실

phòng ngủ 침실

phòng bếp 부엌

cặp sách 가방

bút chì 연필

sách 책

gọi là ~라 부르다

trong ~안, ~에서

hổ 호랑이

cam 오렌지

quýt 귤

thế ạ 그래요, 그렇군요

tiểu thuyết 소설

xe đạp 자전거

máy tính 노트북, 계산기

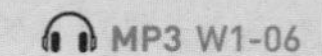

hay 재미있는, 자주, (선택의문문) ~이거나

sạch 깨끗한

thú vị 흥미로운

chán 지루한

đẹp 아름다운

nhỏ 작은

tươi 싱싱한, 신선한

mệt 피곤한

món ăn 음식

cay 매운

xinh 예쁜

và 그리고

thông minh 총명한, 똑똑한

nói 말하다

giỏi 잘하는

tìm 찾다

mua 사다

sầu riêng 두리안

mùi 냄새

cho ~에게, ~을 위하여, 주다

lạ 낯선, 이상한

khó chịu 참기 힘든

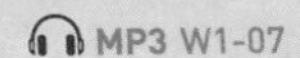

học 공부하다

tiếng Việt 베트남어

nhạc 음악

tiếng Pháp 프랑스어

từ điển 사전

ca sĩ 가수

viết 쓰다

bài 숙제, 리포트, 단원

dạy 가르치다

trung tâm 센터, 학원

ngoại ngữ 외국어

phòng họp 회의실

hiệu sách 서점

thư viện 도서관

sống 살다

kí túc xá 기숙사

quận 군(행정단위)

ăn 먹다

cơm 밥

đói 배고프다

muốn 원하다

thích 좋아하다

ngon 맛있는

siêu thị 슈퍼마켓

ngày 일
tháng 월
năm 해, 년
mồng 한 달의 초순(10일간)
hôm nay 오늘
ngày kia 모레
ngày mai 내일
hôm qua 어제
anh trai (가족 내) 형/오빠
về nước 귀국하다
trước ~전, ~앞, 이전에
sau ~후, ~뒤, 이후에
sinh nhật 생일
thứ ~번째
công tác 출장
kết hôn 결혼하다
ôi (감탄사) 어머나, 오
sinh nhật 생일
bất ngờ 예기치 않은, 뜻밖의
nộp 내다, 제출하다

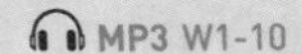

bây giờ 지금

giờ 시

phút 분

về nhà 귀가하다

ban 시간의 한 부분

buổi 시간의 한 부분

thức dậy 일어나다

làm bài tập 숙제하다

xong 끝내다

ăn tối 저녁 식사, 저녁을 먹다

giúp 돕다

nộp 제출하다, 내다

bài tập 숙제

bóng đá 축구

với ~와 함께

ăn sáng 아침 식사, 아침을 먹다

món ăn 음식

cay 매운

hút 빨아들이다, 흡입하다

thuốc lá 담배

thời gian 시간

chuyện 일, 사건, 이야기하다

vé 표

chương trình 프로그램

ca nhạc 가극(노래와 음악)

bắt đầu 시작하다

năm nay 올해

tuổi 나이, ~세

cao (키가) 큰, 높은

dày 두꺼운

rộng 넓은

béo 살찐, 뚱뚱한

dễ thương 귀여운

lớn 넓은

em gái 여동생

trẻ 어린, 젊은

sâu 깊은

hồ 호수

màu 색

trắng 하얀

đắt 비싼

lớp 학급, 교실, 학년

thông minh 똑똑한, 총명한

măng cụt 망고스틴

ít 적은

già 나이 든, 늙은

nhiều 많은

nam 남자, 남성

nữ 여자, 여성

nghĩ 생각하다

giỏi 잘하는

cam 오렌지

giá 가격

xanh 푸른, 초록

tranh 그림

xoài 망고

trắng 흰, 새하얀

giày 신발

chôm chôm 람부탄

đen 검은

có 있다, 존재하다

học sinh 학생

quyển vở 공책

bông hoa 꽃

người nước ngoài 외국인

ngồi 앉다

học bài 공부하다

đều 모두, 전부

năm thứ ~ ~학년

thi 시험

văn phòng 사무실

tím 보라색

kia kìa 저쪽에, 저 건너편에

hàng 물건, 상품

giảm giá 가격을 깎다, 할인하다

rẻ 값싼, 저렴한

đủ 충분한

Ngày 13

MP3 W1-13

về nước 귀국하다

đi du học 유학 가다

tháng trước 지난달

đi du lịch 여행 가다

tuần trước 지난주

môn 과목

món ăn 음식

vịnh 만(灣)

lần ~회, ~번

nghỉ hè 여름방학(휴가)

định ~할 예정이다

nổi tiếng 유명한

đúng 올바른, 정확한

gần 가까운

nhà hàng 식당

cuối tuần 주말

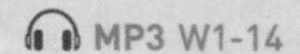

ăn 먹다

cay 매운

nói 말하다

trời 날씨, 하늘

mưa 비, 비가 내리다

Pháp 프랑스

chim 새

chạy 달리다

nhanh 빠른

bơi 수영(하다)

nghiên cứu 연구하다

từ điển 사전

vì A nên B A하기 때문에 B하다

ăn tối 저녁을 먹다

với 함께, 같이

đá bóng 축구 하다

khen 칭찬하다

mắng 혼내다

học bổng 장학금

trường 학교

phê bình 비평하다, 혼내다

tặng 주다, 선물하다

đồng hồ 시계

phạt 벌하다

đi ra ngoài 외출하다

đến ~까지, 오다, 가다

chơi 놀다, 연주하다

gọi 부르다, 전화하다

nói 말하다, 이야기하다

điện thoại 전화, 전화기

hỏi 묻다, 질문하다

một chút 잠시, 잠깐

Nhà thờ Lớn 대성당

siêu thị 슈퍼마켓

hiệu thuốc 약국

đầu tiên 첫째의, 처음의

cửa hàng đồ ăn nhanh 패스트푸드점

xe buýt 버스

đi bộ 걷다, 도보로 가다

xe lửa 기차

máy bay 비행기

tiếng 시간, 소리, 언어

tàu điện ngầm 전철

NĐĐ(Người đi đường) 행인

bảo tàng 박물관

lịch sử 역사

đi qua 건너다, 가로지르다

ngã năm 오거리

hiệu kem 아이스크림 가게

sau đó 그 다음, 그 후에

sang 건너다

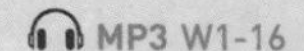

muốn 원하다, 희망하다
nghiên cứu 연구하다, 조사하다
văn hoá 문화
khác 다른
muộn 늦은
ngủ dậy 일어나다
mua 사다
quên 잊다
ví 지갑
bị cảm 감기 걸리다
lạc đường 길을 잃다
quà 선물
cho ~에게, ~를 위하여
truyện cổ tích 옛날이야기
khó 어려운, 힘든
bị ốm 아프다
tuyết 눈
rơi 내리다, 떨어지다
hiện đại 현대의, 최신의
tặng 선물하다
luật 법
quyết định 결정하다
cố gắng 노력하다
may mắn 행운(의)

Ngày 17

MP3 W1-17

áo sơ mi 셔츠

giày cao gót 하이힐

đẹp trai 잘생긴

hiền 착한, 상냥한

diễn viên 연기자

nghiên cứu sinh 연구생

phiên dịch viên 번역가

giám đốc 사장

hiệu trưởng 교장 선생님

cười 웃다

làm bài tập 숙제하다

quà 선물

tiền 돈

leo núi 등산하다

đăng kí 등록하다

dạy 가르치다

nghiêm khắc 엄중한, 엄한

năm ngoái 작년

chăm chỉ 열심히

điểm cao 높은 점수

cố gắng 노력하다

lấy 취하다, 받다

tốt bụng 친절한

nghỉ 쉬다

thực tập 실습(하다)

그림으로 외우는

왕초보 베트남어 단어장

01 가족

MP3 W2-01

ông
[옹(ㅁ)]
할아버지

bà
[바]
할머니

bố / cha / ba
[보 / 짜 / 바]
아버지

mẹ / má
[매 / 마]
어머니

chị gái
[찌 가이]
누나 / 언니

anh trai
[아잉 짜이]
형 / 오빠

em trai
[앰 짜이]
남동생

em gái
[앰 가이]
여동생

02 몸

MP3 W2-02

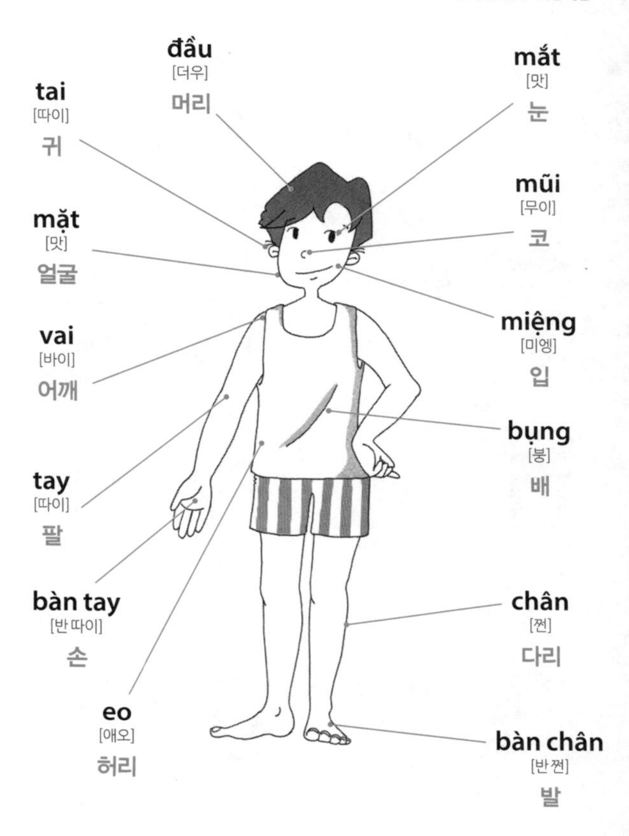

đầu
[더우]
머리
mắt
[맛]
눈
tai
[따이]
귀
mũi
[무이]
코
mặt
[맛]
얼굴
miệng
[미엥]
입
vai
[바이]
어깨
bụng
[붕]
배
tay
[따이]
팔
bàn tay
[반 따이]
손
chân
[쩐]
다리
eo
[애오]
허리
bàn chân
[반 쩐]
발

05 전기제품

ti vi
[띠 비]
텔레비전

bàn là
[반 라]
다리미

tủ lạnh
[뚜이 라잉]
냉장고

quạt máy
[꾸앗 마이]
선풍기

máy ảnh
[마이 아잉]
디지털카메라

máy sấy
[마이 써이]
헤어드라이어

máy hút bụi
[마이 훗 부이]
청소기

nồi cơm điện
[노이 껌 디엔]
압력밥솥 · 전기밥솥

máy giặt
[마이 잣]
세탁기

06 식탁

con dao
[꼰(ㅓ)자오]
나이프

thìa
[티어]
스푼

dĩa
[지어]
포크

đũa
[두어]
젓가락

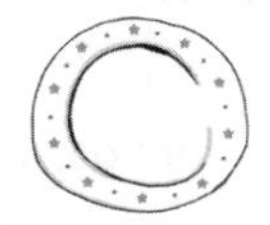

đĩa
[디어]
접시

cốc / ly
[꼭/리]
컵

ấm
[엄]
주전자

07 교실

MP3 W2-07

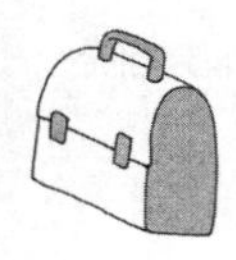

túi xách
[뚜이 싸익]
가방

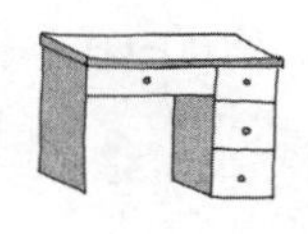

bàn
[반]
책상

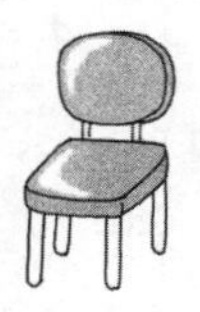

ghế
[게]
의자

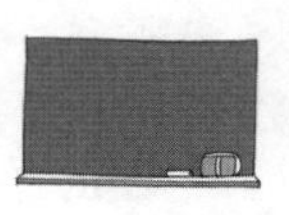

tấm bảng
[떰 방]
칠판

sách
[싸익]
책

vở
[버]
노트

bút chì
[붓 찌]
연필

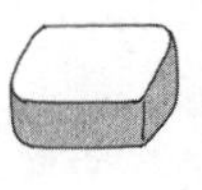

gôm
[곰]
지우개

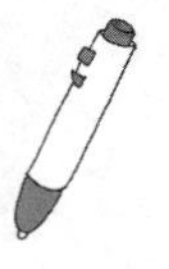

bút bi
[붓 비]
볼펜

08 음료와 음식

MP3 W2-08

cô-ca
[꼬까]
콜라

trà / chè
[짜 / 째]
차

cà phê
[까 페]
커피

sữa
[쓰어]
우유

bia
[비어]
맥주

bánh ga tô
[바잉 가 또]
케이크

bánh
[바잉]
빵

kem
[깸]
아이스크림

bánh pizza
[바잉 피짜]
피자

09 과일

MP3 W2-09

táo
[따오]
사과

dưa hấu
[즈어 허우]
수박

lê
[레]
배

dừa
[즈어]
코코넛

quýt
[꾸잇]
귤

xoài
[쏘아이]
망고

chuối
[쭈오이]
바나나

nho
[뇨(ㅕ)]
포도

10 채소

cà rốt
[까롯]
당근

cà chua
[까쭈어]
토마토

củ cải
[꾸 까이]
무

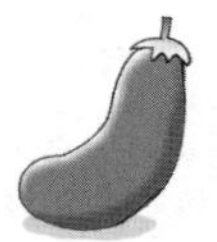

cà tím
[까띰]
가지

tỏi
[또(ㅓ)이]
마늘

ớt xanh
[엇 싸잉]
피망

hành lá
[하잉 라]
파

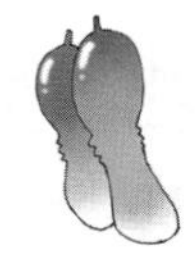

dưa chuột
[즈어 쭈옷]
오이

11 감정

MP3 W2-11

vui
[부이]
기쁜

buồn
[부온]
슬픈

lo / lo lắng
[로(ㅓ)/로(ㅓ) 랑]
걱정하는

yên tâm
[이엔 떰]
안심하는

tức giận
[뜩 전]
화난

bồn chồn
[본 쫀]
조바심 나는

thích
[틱]
좋아하다

ghét
[갯]
싫어하다

12 건물

trường học
[쯔엉 혹(ㅓ)]
학교

công ti
[꽁 띠]
회사

thư viện
[트 비엔]
도서관

công viên
[꽁 비엔]
공원

siêu thị
[씨에우 티]
슈퍼마켓

ngân hàng
[응언 항]
은행

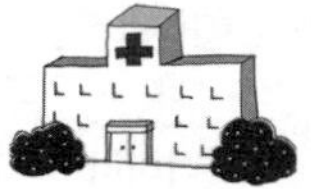

bệnh viện
[베잉 비엔]
병원

bưu điện
[브우 디엔]
우체국

13 교통

MP3 W2-13

xe ô tô
[쌔 오 또]
자동차

máy bay
[마이 바이]
비행기

xe đạp
[쌔 답]
자전거

tàu thuỷ
[따우 투이]
배

xe buýt
[쌔 부잇]
버스

xe tải
[쌔 따이]
트럭

tàu điện ngầm
[따우 디엔 응엄]
지하철

xe máy
[쌔 마이]
오토바이

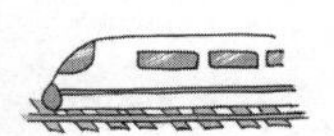

tàu hoả / xe lửa
[따우 화 / 쌔 르어]
기차

14 취미

câu cá
[꺼우 까]
낚시질하다

đọc sách
[독(ㅓ) 싸익]
독서하다

nghe nhạc
[응애 냑]
음악 감상하다

xem phim
[쌤 핌]
영화 감상하다

leo núi
[래오 누이]
등산하다

hát
[핫]
노래하다

chơi cờ
[쩌이 꺼]
장기를 두다

nấu
[너우]
요리하다

15 스포츠

MP3 W2-15

bóng đá
[봉 다]
축구

bóng rổ
[봉 조]
농구

bơi
[버이]
수영

chạy bộ
[짜이 보]
조깅

tên nít
[뗀 닛]
테니스

bóng chyền
[봉 쭈옌]
배구

gôn
[곤]
골프

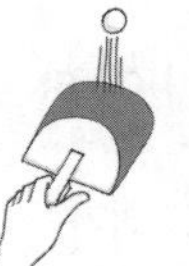

bóng bàn
[봉 반]
탁구

16 직업

MP3 W2-16

nhân viên
[년 비엔]
회사원

lái xe
[라이 쌔]
운전기사

y tá
[이 따]
간호사

vận động viện
[번 동 비엔]
운동선수

ca sĩ
[까 씨]
가수

giáo viên
[자오 비엔]
교사

hoạ sĩ
[화 씨]
화가

cảnh sát / công an
[까잉 쌋 / 꽁 안]
경찰

17 날씨

MP3 W2-17

gió
[조(ㅓ)]
바람

mưa
[므어]
비

âm u
[엄 우]
흐린

trong lành
[쫑 라잉]
맑은

cầu vồng
[꺼우 봉]
무지개

sấm sét
[썸 쌧]
천둥 번개

mùa mưa
[무어 므어]
장마

cơn bão
[껀 바오]
태풍

18 동물

bò
[보(ㅓ)]
소

chuột
[쭈옷]
쥐

hổ
[호]
호랑이

chó
[쪼(ㅓ)]
개

ngựa
[응어]
말

thỏ
[토(ㅓ)]
토끼

khỉ
[키]
원숭이

rắn
[잔]
뱀

lợn
[런]
돼지

gà
[가]
닭

19 나의 하루

thức dậy /
ngủ dậy
[특 저이/응우 저이]

일어나다

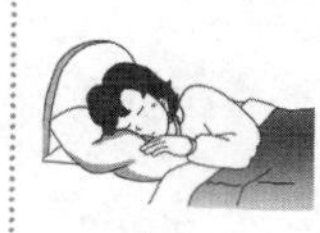

ngủ
[응우]

자다

rửa mặt
[즈어 맛]

세수하다

đánh răng
[다잉 장]

이를 닦다

đi học
[디 혹(ㅓ)]

학교에 가다

về nhà
[베 냐]

집에 돌아가다

làm bài tập
[람 바이 떱]

숙제를 하다

chơi thể
thao
[쩌이 테 타오]

운동하다

sử dụng mạng /
lên mạng
[쓰중 망/렌 망]

인터넷을 하다

20 맛

ngon
[응온]
맛있다

đắng
[당]
쓰다

cay
[까이]
맵다

chua
[쭈어]
시다

ngọt
[응옷]
달다

mặn
[만]
짜다

nhạt
[냣]
싱겁다

나혼자 끝내는

독학 베트남어

첫걸음

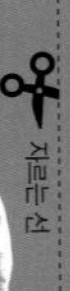

단어 암기는 베트남어 공부의 기본!